Adolf Eckstein

Geschichte und Bedeutung der Stadt Sichem

Adolf Eckstein

Geschichte und Bedeutung der Stadt Sichem

ISBN/EAN: 9783743664951

Hergestellt in Europa, USA, Kanada, Australien, Japan

Cover: Foto ©ninafisch / pixelio.de

Weitere Bücher finden Sie auf **www.hansebooks.com**

Geschichte und Bedeutung

der

Stadt Sichem.

Von

Dr. A. Eckstein.

BERLIN.

Druck von H. Itzkowski, Gr. Hamburgerstr. 18-19.

1886.

Einleitung.

Geschichte, im allgemeinsten Sinne verstanden, umfasst die Totalität aller zu einander in unmittelbarer oder mittelbarer Beziehung stehenden Einzelgeschichten. Unendlich viele Strömungen neben oder gegen einander vereinigen sich zu dem einen gewaltigen Strome der Weltgeschichte. Wollen wir diesen ergründen und überschauen, so müssen wir zuvor jene Einzelströmungen durchforscht, ihre teilweise in weitentlegenen Gebieten und in dunkeln Tiefen aufzusuchenden Quellen, ihren Lauf und ihre Entwickelung kennen gelernt haben. Indess soll hier keineswegs, wie es den Anschein haben könnte, eine isolirt dastehende und geringwertige Localgeschichte Sichems geliefert werden, eine Stadtchronik, die nur beschränktes Interesse hat und geringe Würdigung verdient. Es soll vielmehr der Nachweis versucht werden, dass Sichem im ganzen Verlaufe der Geschichte Israels bis zum zweiten Exile eine so bedeutsame Rolle spielt, dass wir auch Israels Entwickelung nur im Zusammenhange mit der Geschichte und Bedeutung Sichems zu würdigen und zu verstehen vermögen.

Alle Geschichte zeigt uns im Grunde die Entwickelung, den Kampf und die Ausgleichung von Gegensätzen. Es treten auf dem Schauplatze der Geschichte überall einander entgegengesetzte Kräfte auf, die sich gegenseitig bald anziehen, bald abstossen, die mit einander ringen, bis sie ihre Ausgleichung gefunden haben, um nunmehr vereint gegen einen neuen Factor aufzutreten. Und von diesem Gesichtspunkte aus ist auch die Bedeutung Sichems zu verstehen. Es bildete den Gegensatz und das Gegengewicht von Jerusalem, es war das Centrum eines grossen Kreises, der sich immer weiter auszudehnen bestrebt war und darum einen andern Landes- und Volkskreis, dessen Mittelpunkt die Davidstadt war, an manchen Punkten berühren musste, aber immer in feindseliger Tendenz.

Da uns nun alles Leben und Wirken, alle Geschichte auf dem Boden Palästinas von einer politischen und einer religiösen Seite erscheint, so werden wir in der folgenden Untersuchung die Geschichte und Bedeutung Sichems in politischer und religiöser Beziehung zu behandeln haben.

I. Geschichte und Bedeutung Sichems bis zur Auflösung des Zehnstämmereiches.

A. Politische Geschichte und Bedeutung.

Die Stadt Sichem lag ziemlich in der Mitte des Landes Palästina[1]). Im Norden der Stadt erhebt sich der düstere Ebal, im Süden der freundliche und fruchtbare Gerisim, „ὃ κατὰ τὴν Σαμάρειαν ὁρῶν ἐστιν ὑψηλότατον" (Joseph. Antt. XI 8, 2). Eine Strasse zwischen Bethel und Sichem erwähnt Jud. 21, 19, wie denn auch die berühmte Karavanenstrasse an Sichem vorüberführte. Das viel besprochene Συχαρ (Joh. 4, 5)[2]) ist wohl einfach als Corruptel von Συχεμ anzusehen. Ebensowenig haben wir Veranlassung mit Eusebius (Onomast. ed. Lagarde p. 290, auch Raumer a. a. O. p. 159) anzunehmen, dass Sichem in der Urzeit auch „Salem" geheissen habe; vielmehr darf man mit den alten Vertenten gegen die Tradition annehmen, dass „Salem" (Gen. 33, 18) eine Stadt im Umkreise Sichems gewesen sei, wie denn noch heute ein 2 Stunden östl. von Sichem gelegenes Dorf

---

[1]) S. Raumer (Paläst. p. 158 ff.), Robinson (Paläst. p. 314 ff.), Schwarz (tebuot haar. 1 p. 85).
[2]) S. Reland (de monte Gar. p. 141) und Juynboll (comment. in histor. gentis samar. p. 105).

diesen Namen hat¹). Ihren Namen bekam die Stadt nach ihrer ursprünglichen Lage auf einem Bergrücken, einer Schulter (שכם) des Gerisim, wie denn beträchtliche Trümmerhaufen gleich denen einer ansehnlichen Stadt noch heute den Gipfel des Gerizim bedecken (Sauley: Voyage II p. 246). Die ursprüngliche Lage der Stadt wird sonach abweichend von der heutigen Lage derselben auf dem Gerizim, nicht am Fusse desselben zu suchen sein. Denn solche Namen haben ihren nächsten Ursprung in den natürlichen Bodenverhältnissen (vgl. כנען, ארם), erst eine spätere Zeit sucht und findet für sie eine tiefere, volkstümliche Bedeutung, indem sie dieselben ausgehen lässt von seit der Urzeit her berühmten Persönlichkeiten, hier von einem Fürsten Sichem, Sohn Chamors (Gen. 34, 2). In Wahrheit aber ist der historische Verlauf ein umgekehrter²).

Auch über die ältesten Bewohner Sichems erhalten wir einigen Aufschluss. Nach den Andeutungen in den spärlichen Notizen wurde Sichem und sein Umkreis in der vorgeschichtlichen, vorisraelitischen Periode von den Chivitern bewohnt³). Die Kenaaniter, die nach Gen. 12, 6 zur Zeit

---

¹) Nach Geiger (Urschrift p. 75 u. a.) wäre die angeführte Stelle ein Schlachtfeld für die Parteien gewesen. Friedlich neben einander finden wir die Auffassung von שלם als nom. propr. und als adj. im Buch der Jub. c. 30. Saadja, der in Bezug auf „Salem", der Tradition folgt, hat hier schon (Gen. 33, 18) für שכם den spätern seit Vespasian vorhandenen Namen der Stadt ثم دخل يعقوب سـتـم الى قرية نابلس.

²) Abzuweisen ist sonach die Annahme von Euseb. (Onom. s. v. Συχεμ) ἀφ' οὗ (sc. von dem Fürsten Sichem) καὶ ὁ τόπος, s. auch Hieron. (de locis Hebr.) und Munk (Palest. p. 39): il est probable, qu'il (Hamor) fut le fondateur de la ville, à laquelle il donna le nom de son fils. Vgl. Nachman. z. Gen. 12, 6: שכם בן חמור כשם עירו.

³) Für die Vermutung, „Gerizim" bedeute „mons Gerizaeorum", von denen bei Sichem eine Colonie in uralten Zeiten angesiedelt gewesen sei (Gesen. im thesaur. s. v., s. I. Sam. 27, 8), bietet sich keinerlei Anhalt.

Abrahams, d. h. seit der Urzeit her in Sichem wohnten, werden 33, 19; 34, 2 näher bestimmt als Chiviter, der Chivite Chamor ist „Fürst des Landes", d. i. des Umkreises von Sichem. Auch Deut. 11, 30 wird Sichem ganz allgemein als בארץ הכנעני liegend bezeichnet, wozu schon Sifre (s. auch Sota 33b, Jerusch. das. VII 3) angemerkt wird: לא היה אלא מן התרי. Die einzige Stelle, die dieser Behauptung scheinbar widerspricht, ist Gen. 48, 22, wonach Jakob die Stadt Sichem „aus der Hand des Emori" genommen habe. Allein „Emori" ist auch hier wie an so vielen andern Stellen (Gen. 15, 16; Jos. 24, 8, 18; Jud. 6, 10; Amos 2, 9, 10) nur Collectivbezeichnung für kenaanäische Völkerschaften überhaupt[1]) und insbesondere für diejenigen, welche das Gebirge bewohnten (vgl. אמיר = Wipfel, Höhe und das arab. امير); die Chiviter aber bewohnten eben einen Teil des Gebirges, das später „das Gebirge Ephraim" genannt wurde, wie ein anderer Teil dieses Stammes den Libanon und den Fuss des Hermon zum Wohnsitz hatte (Jos. 11, 3. Jud. 3, 3). Die Gegensätzlichkeit zwischen Gen. 34, 2 und 48, 22 bemerkt übrigens schon und gleicht in demselben Sinne aus Gen. rab. c. 97: וכי (חמור) אמורי היה אלא חוי בכלל אמורי. Movers (Phön. Alt. I p. 78 und Zeitschr. f. kath. Theol. 1845 H. I p. 86) stützt auf jene Reminiscenz in Gen. 48, 22 die Behauptung, die Chiviter seien aus Sichem von den Emoritern und erst diese von Ephraim verdrängt worden. Allein dem widerspricht das sofort zu behandelnde c. 34, aus dem unverkennbar hervorgeht, dass „die Söhne Jakobs" das Land den Chivitern entrissen, dass sie die unmittelbaren Erben und Nachfolger derselben wurden; dem widerspricht ferner die Thatsache, dass man noch in späterer Zeit der Ansicht war, die israelit. Bewohner von Sichem wären אנשי חמור, Nachfolger oder gar Nachkommen jenes

---

[1]) Der Talmud braucht noch allgemeiner für heidnische Sitten überhaupt die Bezeichnung דרכי האמורי.

altberühmten chivitischen Fürsten Chamor. — Aus der Hand der Chiviten gelangte sonach das Gebiet von Sichem zu den Israeliten[1]),

Allein die erste Berührung zwischen diesen beiden Stämmen scheint sich friedlich vollzogen zu haben. Ueber diese erste Auseinandersetzung zwischen den kenaanäischen Urbewohnern von Sichem und terachitischen Stämmen erhalten wir etwas Licht durch Gen. 33, 18—20 und c. 34. Der Grundstock dieser Erzählung behandelt durchaus historische, ethnologische Beziehungen. Stade (Oncken, Geschichte I 6 p. 147, 154) will in solchen Erzählungen nicht „irgend welche Aufschlüsse über den Hergang bei der Einwanderung suchen. Keine historische Erinnerung reicht in diese Zeiten zurück". Aber bedenken wir, dass die lebendige Tradition im Orient immer in Fluss geblieben ist, dass sie in diesem Falle einen realen, stützenden Hintergrund an sichtbaren Stätten, an existirenden Völkern hatte, und dass es sich hier um Dinge von so eminent geschichtlicher Tragweite handeln soll wie das erste Zusammentreffen zweier Stämme und ihre Beziehungen zu einander, so sieht man nicht ein, warum wir bei den Hütern der Traditionen, den Autoren, über den Hergang bei der Einwanderung, über den bedeutsamsten Wendepunkt in der Geschichte jener Länder und Völker sollten weniger Aufschlüsse suchen und finden können als über Ursprung und verwandtschaftliche Beziehungen der semitischen Völker. Nun kommen noch in unserem besondern Falle unverkennbare Fingerzeige auf ethnologische Beziehungen hinzu. Gen. 33, 19 kauft der Patriarch ein Stück Feld „von den Söhnen Chamors". Er wird doch aber wohl nicht das eine Stück Feld allen Söhnen des Chamor abgekauft haben, sondern wahrscheinlich bedeutet בני חמר „Stamm, gens der Chamoriter" (vgl.

---

[1]) Jud. 9. 28. Richtig heisst es sonach Judith 5,16: καὶ ἐξέβαλλον (sc. οἱ υἱοὶ Ἰσραήλ) ἐκ προςώπου αὐτῶν ... τὸν Συχέμ.

— 9 —

"Kinder des Chet" = Chittiter, "Kinder Israels" = Israeliten), und so werden auch noch die spätern Bewohner von Sichem (Jud. 9. 28) „Chamor-Leute" genannt. Auch LXX übersetzt (Jos. 24, 32) שכם בני חמור אבי = οἱ Ἀμοραῖοι οἱ κατοικοῦντες ἐν Σαίμοις¹). Ueberhaupt scheinen die alten Versionen anzunehmen, dass Sichem mehr als eine Stadt, dass es einen mehrere Städte umfassenden Kreis bedeute. So giebt LXX zu Gen. 33, 18: Σαλὴμ πόλις Σικίμων, ebenso Vulg. und Syr. (ܫܟܝܡ ܡܕܝܢܬܐ ܕܫܟܝܡ), und dementsprechend heisst es 34, 2: Chamor war „Fürst des Landes", d. h. von שכם ובנותיה (I. Chr. 7, 28). Fernere deutliche Winke, dass es sich nicht um Individuen, sondern um Völkerschaften handelt, erhalten wir durch Gen. 34, 7, wo ausdrücklich von dem Volke Israel die Rede ist; durch v. 10 und 21, wo die Chamoriter den Israeliten das Land, nicht eine Stadt allein, zur Ansiedelung und zum freien Handel anbieten; durch v. 16 und 22, wo die Rede ist von der Verschmelzung „zu einem Volke" (והיינו לעם אחד). Endlich sagt Jakob (Gen. 48. 22), er habe die Stadt Sichem dem „Emori", einem Volke, also, nicht einzelnen Individuen²), entrissen.

Wellhausen (Jahrb. f. deut. Theol. XXI p. 436) erkennt, dass es sich in der Erzählung von Dina und Sichem „um völkerrechtliche Beziehungen handelt", ohne in eine nähere Untersuchung einzutreten. Ewald (Gesch. Isr.³ I p. 543) bemerkt, dass „die beabsichtigte Ehe Dinas mit Sichem den anfangenden Uebergang eines Teiles der Gemeinde Jakob zu den Kenaanäern" bezeichne, spricht aber bald darauf von einem „Versuch der Kenaanäer einen Teil

---

¹) Jedenfalls auch veranlasst durch den sonderbaren Zusatz von אבי שכם, was Bernstein (Ursprung der Sagen p. 49) als „Herrscher von Sichem" nimmt.
²) An dem scheinbaren Widerspruch mit c. 34 nimmt R. Nehemia Anstoss (Gen. rab. c. 97): מיד האמורי זהו חמור אבי שכם, mit „Emori" sei in der That ein Einzelner gemeint.

Jakobs zu unterworfen", womit er aber offenbar dem Text widerspricht, der nur von einer freien Liebe Sichems zu erzählen weiss.

Wir wollen es nun versuchen, den vorhandenen Quellen nachzugehen und den rein geschichtlichen Inhalt, insoweit dies möglich, aus ihnen zu schöpfen. Deutlich genug unterscheiden sich in dem Stücke zwei Quellen, A und C, wenn wir von vorn herein v. 27—29 als nicht in die Entwickelung des Textes gehörig ausschliessen, nach Inhalt und Form[1]). Die materiellen Verschiedenheiten der beiden Quellen sind tiefgehend. A, der elohistische Chronist, hat von einer Unthat des Sichem nicht die geringste Ahnung, sondern erzählt nur von seiner Werbung um Dina aus freier Liebe (v. 8). Dagegen kann C nicht oft genug von dieser Unthat, von der kenaanäischen Unkeuschheit und Schändlichkeit sprechen, kommt immer wieder, auch wo es den Lauf der Berichterstattung störend unterbricht, auf sein Motiv zurück (v. 2b, 5, 7, 13, 31). Natürlich ist es sonach, wenn nach A Dina sich in den Händen Jakobs befindet (17b), während sie nach C gewaltsam von Sichem zurückbehalten wird (2b, 26). Der hauptsächliche und principielle Unterschied der beiden Quellen aber ist darin deutlich sichtbar, dass A eine **freundschaftliche Auseinandersetzung** zwischen den beiden Familien für möglich und statthaft hält (v. 14—17, 20—24), während bei C Simeon und Levi die Stadt Sichem aus Eifer für die sittliche Reinheit Israels überrumpeln (v. 13, 25, 31) und sich dafür den Tadel Jakobs zuziehen (v. 30). Mehr nebensächlich ist es, wenn bei A der Vater für seinen Sohn

---

[1]) Die Unterscheidung der beiden Quellen nach ihrer sprachlichen Eigentümlichkeit s. bei Dillmann (Genes. p. 349). Nach ihm gehören A an: v. 1a, 4, 6, 8—10, 15—17, 20—24; C hat: 2b, 3, 5, 7, 11—13, 19, 25 ff., 30 ff. Die Bezeichnung der Quellen mit ABC gleichfalls nach ihm.

freit¹) (v. 4, 6, 8—10), bei C aber der Sohn, der Verbrecher selbst, mehr in den Vordergrund tritt (v. 11, 13, 19). Sonach werden wir aus der ältern Quelle A reine Historie in folgendem Sinne schöpfen können. Die erste Einwanderung der Terachiten in Kenaan und ihr Nomadenleben im Lande wurde in der ältesten Zeit, vor der Wanderung nach Egypten — wie auch aus andern vielfacheu Berichten zu schliessen — durch keine Feindseligkeit gestört. Auch in das Gebiet der Stadt Sichem kamen sie (Gen. 12, 6; 33, 18—20; Jos. 24, 32), siedelten sich auf dem fruchtbaren Strich Landes an und erwarben von den sichemitischen Urbewohnern einigen Grund und Boden, wo sie nach eigener religiöser Sitte patriarchalisch lebten. Das Verhältniss zu den sichemitischen Nachbarn war ein friedliches und der Verkehr mit denselben gestaltete sich immer freundlicher. Ja es wurde von der einen Seite ein Connubium und völlige Verschmelzung beider Stämme vorgeschlagen und von der andern Seite unter der Bedingung angenommen, dass die Sichemiter sich zu der den Terachiten heiligen Circumcision verständen. Die Verschwägerung der beiden Stämme fing sich zu vollziehen an, „Sichem warb um Dina und seine Werbung wurde angenommen", aber — hier versiegt die Quelle A.

Nun hat diese Geschichte wieder ihre Geschichte. Die Ueberlieferung bemächtigt sich des geschichtlichen Stoffes, ergänzt und trübt ihn unbewusst nach einem neuen Zeitgeiste, nach neuen Anschauungen und der guten alten Zeit entgegengesetzten Tendenzen. So hat sich die Ueberlieferung auch hier in einer von den geschilderten geschichtlichen Thatsachen divergirenden Linie fortentwickelt. Im Bewusstsein der Spätern, als bei den Israeliten die Familiensitte strenger und züchtiger, bei den Kenaanäern un-

---

¹) Ueber die semitische Sitte, dass die Eltern für ihre Kinder werben, vgl. Gen. 21, 21; cap. 24; Ex. 21, 9; Jud. 12, 9.

reiner geworden, die Gegensätzlichkeit und Abschliessung
zugenommen hatte, erschien jene Begebenheit in einer
andern Färbung. Ein Connubium und freundlicher Verkehr
in Handel und Wandel mit den heidnischen Nachbarn, denen
das Institut der Ehe nicht heilig war, erschien unter keiner
Voraussetzung möglich. Man fing an, eifersüchtig zu
wachen über die Reinhaltung des israelitischen Blutes und
für dieselbe zu polemisiren. Nun sehe man, wie der strengere
jahvistische Erzähler, die jüngere Quelle C, in v. 7 z. B.
aus seiner Rolle fallend vergisst, dass er von der Patri-
archenzeit erzählen wollte, und sich ereifert, dass in „Israel" eine Schandthat nicht begangen werden dürfe. —
Natürlich wird aus dem liebenden Sichem ein Mädchen-
räuber und Verbrecher, — ein ähnliches Aergernis mag
ja öfter durch kenaanäische Häuptlinge gegeben worden
sein — der von einem Teile Jakobs streng gezüchtigt
werden musste, während ein anderer Teil desselben nach
einer mildern Auffassung eine solch schroffe Zurückweisung,
einen Racheact streng tadelte (v. 30, cap. 49, 5).

Ueber dasselbe Thema finden wir auch noch den Ueber-
rest einer dritten Version erhalten, was als Beweis für
die Bedeutsamkeit dieses Themas über die in Rede stehenden
Beziehungen Israels zu den Urbewohnern von Sichem gelten
muss. Gen. 48, 22 erzählt uns die Quelle B, der Patriarch
Jakob selbst, nicht ein Teil seiner Söhne, habe Sichem
„mit Schwert und Bogen" erobert[1]). Der ephraimitische
Erzähler, der hier redet, hat eben das Bestreben, die
Hauptstadt Ephraims an Bedeutung zu heben und sie als
alt-ephraimitisches Eigentum damit zu legitimiren, dass sie —
gemäss seiner Ueberlieferung —- von dem Patriarchen selbst
mit dem Schwerte in der Hand erworben und seinem

---

[1]) Den Widerspruch mit c. 34 versucht schon Gen. rab. zu
10ten (c. 97): בחרבי ובקשתי במצות ובמעשים טובים. Vgl. c. 80: והכן
מצינו שנטל יעקב אבינו חרבו וקשתו בשכם; auch B. bathra p. 123a.

Lieblingssohne zugeteilt worden sei. — Stade (a. a. O. p. 196) freilich meint, erst die Jud. c. 9 erzählte Begebenheit habe die hier erwähnte Version des ephraimitischen Erzählers veranlasst. Allein wir haben gesehen, wie das wichtige Thema von der Erwerbung Sichems durch Israel vielfach behandelt wurde und wie in Folge dessen verschiedene Vorstellungen von der Art dieser Erwerbung sich im Volke bildeten. Wir sind sonach zu dem Resultat gekommen, dass die kenaanäischen Urbewohner Sichems und seines Umkreises eine Zeitlang mit den Terachiten in friedlichem Einvernehmen zusammengelebt haben und dass erst in einer spätern Periode die Eroberung der Stadt durch Israel stattgefunden hat.

Diese Eroberung der Stadt setzen wir am besten in die erste Zeit der Invasion Israels in Kenaan nach dessen Rückkehr aus Aegypten. Denn der Kern der Bewohnerschaft Sichems war schon zur Zeit der Richter israelitischen Stammes (Jud. 9. 22), wenn auch wahrscheinlich mit kennanäischen Elementen stark zersetzt. Jedenfalls ist es unerweislich, dass Sichem in der Richterzeit von Kenaanitern, nicht von Israeliten, bewohnt war. (Graf: Stamm Simeon p. 6 und Stade a. a. O. p. 194). Denn wenn die Bewohner Sichems Jud. 9, 28 חמור אנשי genannt werden, so beweist dies nur, dass der jedenfalls kenaanäische Gaal, nach seiner eigenen naiven Auffassung, Sichems isrealitische Bewohner, denen er schmeicheln will, „Chamor-Leute" nennt, Nachfolger oder gar Nachkommen jenes altberühmten Fürsten und Gründers der Stadt, ehrenwerte „gens der Chamoriter", gewissermassen Leute von altem Adel. Allein diese kenaanäische oder damals verbreitete Annahme war eben dem wahren Sachverhalte nur teilweise entsprechend.

In der Richterperiode war für einen israelitischen Einheitsstaat keine Basis vorhanden. Nicht nur waren die einzelnen Stämme selbständig und isolirt, sondern es waren nach die einzelnen Städte innerhalb eines Stammesgebietes autonom, eine Stadt war nicht selten wie in der vorisrael. Zeit ein kleiner Staat für sich. So ist auch unser Sichem in der Richterperiode eine freie Stadt mit ihren בעלים an der Spitze, ihren erbeingesessenen Patriziern, die einen König aus ihrer Verwandtschaft wählen und auch wieder, wenn es ihnen passt, absetzen (Jud. c. 9). Bisweilen schlossen auch in jener Zeit wie einzelne Stämme so einzelne Städte ein Bündnis miteinander, bildeten einen kleinen Bundesstaat mit einem gemeinsamen Oberhaupt an der Spitze. Einen solchen Bundesstaat repräsentiren die Städte Sichem, Bethmillo (ebendas. v. 6. und 20), ein befestigter Ort wahrscheinlich am Abhange des Gerizim, Tebez (v. 50), 4 Meilen nordöstl. von Sichem gelegen, vielleicht auch Aruma (v. 41), wohin sich der von Sichem vertriebene König später zurückzieht, und andere (vgl. besonders v. 55, der darauf hinweist, dass eine starke Partei auch nach dem Abfall Sichems zum König hielt). Zwar heisst es v. 22, Abimelech habe über „Israel" regiert, doch kann hier nur ein Teil desselben, der erwähnte Städtebund, gemeint sein[1]). Mittelpunkt dieses Bundes war Sichem, wo der König gekrönt wurde und das Bundesheiligtum sich befand. In demselben wurde die phönikische Gottheit Baalberith oder Elberith, wie sie später von jüdischer Seite genannt wurde, verehrt, da sie über die Bundestreue wachte und ihre Verletzung ahndete (v. 4, 27, 46 und c. 8, 33)[2]). Auch befand sich in demselben ein Tempelschatz, aus welchem die Kosten des Cultus und der gemeinsamen Schutzwehr bestritten

---

[1]) „Israel" für einen Teil desselben ist z. B. erwähnt: Num. 21, 25, 31; Jud. 3, 27; 10, 8; 11, 26.
[2]) Bertheau (Comment. zu Jud. p. 138) erklärt: „Baal, mit dem seine Verehrer einen Bund geschlossen". Vgl. Ex. 23, 32 u. Jes. 57, 8. Aehnlich Movers und so auch die Vulg. Graetz (Geschichte I p. 125) macht ihn zum Schutzgott eines Bündnisses zwischen Sichem und den durchziehenden phönikischen Händlern. Bochart (Geogr. sacra p. 859): „Baal Beryti urbis".

wurden. In Sichem also wird der erste in der Bibel erwähnte König, Abimelech, weil er mütterlicherseits aus dieser Stadt stammte, unter einer für heilig gehaltenen Eiche gekrönt. Doch die Selbstherren in Sichem dulden nicht lange einen Herrscher über sich, hier schon offenbart sich der selbständige Charakter der Sichemiter, die gar bald ihren Landsmann aus der Stadt hinausdrängen, der nun mit seinen Getreuen, als Vertreter seiner Interessen in der Stadt Sebul zurücklassend, nach Aruma sich zurückziehen muss¹). Sichem aber wirft sich dem mit seiner Horde durchziehenden Kenaanäer Gaal in die Arme (9, 26), der die Gelegenheit benutzt, sich in der Stadt festzusetzen und Abimelech vollständig zu verdrängen. Bei einem Erntedankfest stachelt Gaal, während die Gemüter beim Götzenmahle vom Weine erhitzt sind, den Adelsstolz der Sichemiter auf, die sich von dem „Sohne Jerubaals", dem Sohne eines Nicht-Erbeingesessenen, und seinem Söldling beherrschen liessen. „Wer ist Abimelech und wer Sichem, dass wir ihm dienen sollten? Wahrlich! Sohn Jerubaals (so zu sagen: Hergelaufener) und sein Befehlshaber Sebul! dienet (Ihr) den Leuten Chamors, Vaters von Sichem (den Erbeingesessenen)! Warum sollten wir ihm dienen"?²) Unterdess war aber auch Abimelech durch seinen Vertreter in der Stadt über die Vorgänge benachrichtigt worden. Er zieht mit dem ihm treu gebliebenen Teil der Bundesgenossen (איש ישראל v. 55) zunächst gegen Sichem, das Haupt der Verschwörung, das er völlig zerstört, dann gegen die andern zu Sichem haltenden Bundesstädte, gegen

---

¹) תרומה in 9, 31 ist, wie Bertheau z. St. bemerkt, das v. 41 genannte Aruma. LXX liest auch an letzterer Stelle וישב; שוב ב macht allerdings Schwierigkeit (vgl. Jes. 10, 22; Hos. 12, 7). Die Verwechslung des א mit ח erklärt sich sehr leicht durch die grosse Aehnlichkeit des samaritan. א mit ח.

²) So erhält v. 28, an dem Verss. und Ausleger die verschiedensten Versuche machen, einen erträglichen Sinn, während der Text intact bleibt.

die Festung Millo[1]) und Tebez, wo er selbst den Tod findet.

Der geschichtliche Kern also der in Jud. c. 9 gegebenen Erzählung ist die Thatsache eines kleinen ephraimitischen Königstums mit dem Mittelpunkt in Sichem, das bald durch Zerrüttung und heillose Verwirrung zu Grunde gegangen, Thatsachen, die durchaus dem Charackter der Richterzeit angemessen sind. Diese geschichtlishe Grundlage der Erzählung ist wohl durch die Hervorhebung des religiösen Pragmatismus seitens des Bearbeiters, dem es vor allem auf den Nachweis des Zusammenhangs zwischen Sünde und Gottesgericht ankam, verdeckt, aber nicht beseitigt und darum der Forschung wohl erkennbar.

Wir haben nunmehr gesehen, wie Sichem in der Richterzeit aus seiner Isolirtheit heraustritt und zu einer gewissen Machtstellung innerhalb eines grössern Kreises gelangt. Die Bedeutung Sichems aber während der ganzen Richterzeit für die Entwickelung der gesammten politischen Verhältnisse in Palästina kann nur gewürdigt und dargestellt werden im Zusammenhange mit der Geschichte und Bedeutung des Stammes Ephraim. Werden doch in jener Zeit der innern Gegensätze und Reibungen, der Coalitionen und heftigen Kämpfe, durch die Bildung und Lösung von Stammesbündnissen die Vorbedingungen gezeigt für die ganze spätere politische Constellation.—In der Richterperiode hat entschieden der Stamm Ephraim über alle andern Stämme das Uebergewicht, und aus dieser Sachlage gehen alle innern Kämpfe hervor, ihr entsprechen die politischen Strömungen und Gegenströmungen, die schliesslich den völligen Bruch zwischen Juda und den zehn Stämmen herbeiführen. Ephraim hatte bei der Besitzergreifung des Landes den fruchtbarsten und — weil in der Mitte des

---

[1]) Bertheau z. St. identificirt mit Recht „millo" v. 6 mit מגדל שכם v. 46; ebenso Hitzig (kl. Proph. p. 139).

Landes gelegen — politisch wichtigsten Teil in Besitz genommen. Gross an Zahl, „ein grosses Volk, gesegnet und mit reicher Kraft ausgerüstet" (Jos. c. 17), wollten die Söhne Josephs, aus deren Mitte auch der Volksführer Josua hervorgeht, sich nicht mit einem Erbteil begnügen. Bald übernimmt Ephraim die Führerrolle in religiöser und politischer Beziehung. Silo, das Nationalheiligtum, liegt in seinem Gebiete und behauptet sich lange Zeit als ein Centralpunkt, bis durch die Veranstaltungen Davids Jerusalem das alte Silo an Heiligkeit überstrahlt. Ja auch das Prophetentum hat seinen Ursprung auf ephraimitischem Boden, denn Samuel stammt aus dem „Gebirge Ephraim" und beginnt seine Wirksamkeit in Silo; der Prophet Achija, der eine nicht unbedeutende Rolle gespielt zu haben scheint, der die Trennung der Stämme und das Königtum Jerobeams weissagt, dem also ein Anteil an den particularistischen Bestrebungen Ephraims zuzuschreiben ist, heisst der „Silonite". Den Richtern, die es gewagt hatten, ohne Ephraim eine That zu vollbringen, tritt dasselbe frech entgegen und scheut nicht einen Bürgerkrieg (Jud. 8, 1; 12, 1). Auf dem Gebirge Ephraim stösst Ehud in die Posaune und ruft auf gegen den Feind (3, 27). daselbst richtet Debora die Israeliten (4, 5), und der erste in der Bibel erwähnte König stammt mütterlicherseits aus Sichem (8, 31). Was Wunder, wenn sich Ephraim diese religiöse und politische Führerschaft auch nicht von der kräftigen Hand Davids entreissen lassen will, wenn es sich nach dem Tode Sauls für Ischboscheth erklärt und gegen David (II. Sam. 2, 9), wenn Scheba ben Bichri gerade auf dem Gebirge Ephraim eine Empörung gegen David anzustiften unternimmt (20, 21), wenn auch später unter Salomo die Opposition in Ephraim eifrig genährt wird, so dass sie nach dem Tode desselben laut und entschieden auftreten und ein „Reich Ephraim" begründen kann! — Wie Silo aber während der ganzen Richterzeit das religiöse, so ist Sichem das politische

Centrum des mächtigsten Stammes, von wo alle Fäden der Agitation ausgehen und über das Land gesponnen werden. Und hierauf weist auch die bedeutungsvolle Stelle Gen. 48, 22 in der Form einer Vorausverkündigung hin. Wie die eben geschilderte politische Lage überhaupt und insbesondere die bevorzugte Stellung Ephraims über Manasse und den übrigen Stämmen reflectirt wird in der Geschichte Josephs und seiner Brüder, im Jakobssegen und im Segen des Mose für „den Gekrönten unter seinen Brüdern", so wird in der erwähnten Stelle die Hervorhebung und Bevorzugung Sichems in einer geistreichen Wendung dem Patriarchen Jakob in den Mund gelegt. „Siehe ich gebe Dir (dem Stammvater von Ephraim) שכם אחד vor Deinen Brüdern". Dieses שכם nehmen als nom. propr. die LXX ($\Sigma{\mathit{i}}\varkappa\iota\mu\alpha$ $\dot{\varepsilon}\xi\alpha\acute{\iota}\rho\varepsilon\tau o\nu$), Gen. rab. c. 97 (ודאי שכם וי), jerus. Targ., Joh. 4, 5; als „Erbteil" fassen es auf die Vulg., Pesch., Onkel., Saadja, Ibn Esra, während der Samaritaner den recipirten Text giebt. Sehr richtig versteht es schon Hieron. (s. auch Raschi z. St.) als doppelsinnig gemeint, als ein Wortspiel: „quia igitur Sichem lingua hebr. transfertur in humerum, pulchre allusit ad nomen dicens: et ego dabo tibi humerum unum" (Aqu.: $\tilde{\omega}\mu o\nu$ $\tilde{\varepsilon}\nu\alpha$). Also durch die Zuteilung Sichems, das in so fruchtbarer Gegend gelegen ist, in dem sich das politische Leben Ephraims in der Zeit vor der Trennung der Reiche concentrirt, ist Joseph ausgezeichnet vor allen seinen Brüdern, überragt er sie um „eine Schulter"[1]). Wenn ferner Gen. 37, 13 die Stätte Sichems als ein dem Patriarchen Jakob zugehöriger Weideplatz erscheint — man denke auch an seine Ansiedelung und den Kauf eines Feldes bei Sichem — wenn endlich daselbst nach Jos. 24, 32 (Apgsch. 7, 16) die Gebeine des Stammbegründers Joseph bestattet werden, so tritt in alledem das Bestreben

---

[1]) Vgl Geiger (Urschrift p. 80), der auch an dieser Stelle spätere Verarbeitung des Textes im Interesse einer Partei bemerkt.

deutlich zu Tage, Sichem als uralten Stammesbesitz, als eine von den Vätern zum Vorort ausersehene Stadt zu betonen und in den Vordergrund zu stellen, seine einflussreiche Stellung zu erklären und zu begründen. Gerade dieses Bestreben aber ist ein deutlich redendes Zeugnis für die politische Bedeutung Sichems während der Richterzeit. Wir haben gesehen, wie in allen grössern Bewegungen der vorsalomonischen Periode der Stamm Ephraim seine Rolle als Haupt und Führer der Stämme zu erkämpfen sucht; wo es gilt, eine Katastrophe herbeizuführen, wo es sich um Macht und Einfluss handelt, hat er seine Hand im Spiele, unbekümmert um das Wohl des Ganzen. Ephraim hatte während der ganzen Richterzeit um die Führerschaft gerungen und dadurch die Vereinheitlichung und Befestigung des Staates beeinträchtigt. Sichem, die Hauptstadt Ephraims, hatte mit Jerusalem, der Hauptstadt Judas, um die herrschende Stellung einen erbitterten Wettkampf geführt. David und Salomo aber verstanden es, sich Macht und Geltung nach aussen und dadurch auch Ansehen innerhalb des Reiches zu verschaffen, ihre Hausmacht und ihren Thron fest zu begründen. In Folge dessen hatten Ephraim und Sichem sich bescheiden und ruhig halten müssen, hatten sie — besonders unter Salomos eisernem Scepter — mit ihren Ansprüchen nur schüchtern hervortreten dürfen. Nach dem Tode Salomos aber, als Ephraims Kräfte wieder frei geworden waren, führten sie eine Krisis von der grössten Tragweite herbei — und da steht wieder Sichem als Herd der Opposition gegen Juda im Vordergrunde der Ereignisse. In Sichem wurde die Losung ausgegeben: „Wir haben keinen Anteil an David, kein Erbe an dem Sohne Isais, nach Deinen Zelten Israel"! **Von Sichem ging das Schisma aus und daselbst wurde Thron und Sitz des ersten israelitischen Königs aufgeschlagen.** Also berichtet uns 1. Reg. 12, 1—25. Welche Umstände aber hatten die Krisis herbeigeführt und gereift, welchen

Anteil hatte Sichem an denselben? Darüber erhalten wir nur leise Andeutungen I Reg. 11, 26—28 und v. 40, während die Chronik (II. Chr. c. 10) nichts von Belang bietet. Da weist denn Thenius (Comment. z. d. Bb. d. Könige p. 178) auf den längern Zusatz des Cod. Rom. der LXX hinter I. Reg. 12, 24 hin, durch welchen eine teilweise Ergänzung der geschichtlichen Kenntnis von jener wichtigen Zeit möglich ist in folgender Weise. Die Agitation gegen Juda hörte innerhalb Ephraims auch zur Zeit Salomos nicht auf, Mittelpunkt derselben war wie immer die Hauptstadt Sichem. Salomo musste besonders diese Stadt im Zaume halten und ihre allzu rührigen Bewohner zügeln. Darum zog er die Ephraimiter zum strengen Frohndienst heran und übertrug die Aufsicht über „die Frohn des Hauses Joseph" einem tüchtigen, thatkräftigen Manne, dem Jerobeam (c. 11, 28). darum auch lässt er in der Nähe Sichems, auf dem Tafellande des Berges Gerizim, eine Zwingburg erbauen, welche das Gebiet zu beherrschen geeignet ist. Diese Zwingburg heisst bei LXX Zerira, dieses aber ist identisch mit dem Geburtsort des Ephraimiten Jerobeam, mit Zereda (v. 26) und ist das מלאה (Castell) in v. 27 u. Jud. 9. 6, 20 (wahrscheinlich auch שכם מגדל v. 46)[1]). Allein Jerobeam benutzt seine Stellung, von seinen durch die Massregeln des Königs erbitterten Landsleuten getragen und vorwärts gedrängt[2]), um sich selbst Macht und Ansehen zu verschaffen und sich an die Spitze der Bewegung zu stellen (Cod. Rom. a. a. O. „καὶ ἦσαν αὐτῷ τριακόσια ἅρματα ἵππων"). So gelingt es ihm einen Aufstand gegen Salomo zu erregen (I. Reg. 11, 26—27 u. 40); dieser aber will nunmehr zunächst das mächtige Haupt der Empörung abschlagen, weshalb Jerobeam zum König Schischak nach Egypten fliehen muss (v. 40), wo

---

[1] S. Thenius a. a. O. In I. Reg. 11, 27 muss man dann annehmen, dass von zwei ganz verschiedenen Bauten die Rede ist.

[2] So ist ja auch der Prophet Achija, der ihm die Königswürde verheisst, ein Ephraimit (c. 11, 29; 14, 2).

er eine hohe Stellung einnimmt, sich sogar mit dem König verschwägert und dessen kräftige Unterstützung gegen Salomo gewinnt (nach Cod. Rom.)[1]) Kaum aber war der mächtige Salomo tot, da eilte Jerobeam nach seiner Heimat, nach seiner Vaterstadt Zerira bei Sichem „καὶ συνάγεται ἐκεῖ πᾶν σκῆπτρον Ἐφραίμ" (vgl. 1. Reg. 12, 20). Und so mächtig war die Strömung gegen Juda angeschwollen, dass man den Sohn Salomos zwingen konnte, zu einer in Sichem selbst auf unterhöhltem Boden stattfindenden Volksversammlung zur Unterhandlung zu kommen. Hier kam es denn auch zur Entscheidung. Da Rehabeam auf die Forderungen der übermütigen Ephraimiter nicht eingehen wollte und wohl auch nicht konnte, trennten diese sich endlich in politischer und religiöser Beziehung vollständig von Juda und setzten Jerobeam zum König ein über das neue Reich „Ephraim". Jetzt hatte auch Sichem das Ziel seiner Wünsche erlangt, es wurde zum zweiten Male Residenz eines Königs. Aber zum zweiten Male duldeten die Sichemiter nicht lange ein mächtiges Oberhaupt in ihrer Mitte, so dass Jerobeam gar bald, wie Abimelech in der Richterzeit, seine Residenz nach einer andern Stadt, nach Tirza, verlegen musste (1. Reg. 12, 25; 14, 17). Sichems Bedeutung tritt darum in der Folgezeit zurück, es macht sich bis zur Auflösung des Zehnstämmereiches gar nicht mehr bemerkbar, nachdem es Rang und Bedeutung an Samaria hatte abtreten müssen.

So erscheint uns denn die ganze ältere Geschichte wie nach einem einheitlichen Plane angelegt. Die Tendenz dieses Planes ist die Erkämpfung der Hegemonie für Ephraim, das erreichte Ziel desselben ist die Erhebung Sichems zum politischen Mittelpunkte des Nordreiches. —

---

[1]) In der That zog Schischak von Egypten später — als Freund des Jerobeam — gegen Rehabeam, Sohn des Königs Salomo (c. 14, 25; II. Chr. c. 12).

Wir gehen nunmehr zu dem Nachweis über, dass Sichem auch in religiöser Beziehung seit den ältesten Zeiten eine hervorragende Stellung eingenommen hat.

B. Religiöse Bedeutung Sichems bis zur Teilung des Reiches.

Schon in der kenaanäischen Periode war in Sichem ein Heiligtum, eine ausgezeichnete Stätte, wo in der Urzeit Götter wohnten und Priester ihre Orakel verkündigten, an die sich noch in späterer Zeit allerlei geheimnisvolle Andeutungen und Erinnerungen knüpften, die auch noch bei den Israeliten im Rufe der Heiligkeit stand und frommen Schauer erregte[1]). Schon die Patriarchen — so erzählte man in frommer Scheu — haben an jener heiligen Stätte geweilt und geopfert, schon Abraham kam, da noch „der Kenaanäer im Lande weilte, bis an den Ort Sichem, bis zur Eiche More", wo er einen Altar erbaute (Gen. 12,6); auch Jakob opfert an der Stätte Sichems (33,20) und verbirgt die Götzen unter der „Eiche bei Sichem" (35,4), wie auch Deut. 11,30 Sichem als bei dem berühmten „Eichenhain More" liegend bezeichnet wird. Unter derselben Eiche vollzieht Josua einen Bundesact (Jos. 24,26, wo vielleicht אלה zu punctiren ist), an derselben

---

[1]) A l'époque patriarcale, on voit les Abrahamides accepter pour sacrés les lieux et les objets que les Chananéens prenaient comme tels (Renan, l'hist. du peuple d'Isr. p. 92, s. auch dessen Langues sémit. p. 102). Das ursprünglich heidnische Heiligtum unter und bei der „Eiche von Sichem" wird Jos. 24, 26 zum מקדש ה׳, zu einem jahvistischen Heiligtum. Vgl. auch p. 27 die Anmerkung. Mit Recht sagt Wellhausen (Gesch. Isr. p. 17): „Wie in die Städte und überhaupt in die Cultur der alten Bewohner, so wuchsen die Israeliten auch in ihre Cultusstätten."

Stätte wird der heilige Act einer Königskrönung vollzogen (Jud. 9,6) und nach dieser „Eiche der Zauberer" (9,37) wurde ein Bergweg bei Sichem benannt. In den Zweigen einer grünen Eiche lebte und offenbarte sich dem semitischen Heiden die Gottheit (Jud. 6,19; Jes. 1,29; 57,5; Ez. 6,13; Hos. 4,13, wo überall die אלה als besonders beliebt hervorgehoben wird), wie denn die Phönizier die Götter האלנם הקדשם, „die heiligen elonim", nannten (vgl. Inschr. d. Eschmunaz. u. a.) Von der Berühmtheit dieser heiligen Eiche erzählt man selbst in verhältnissmässig sehr später [Zeit („usque hodie ostenditur", Hieron. ed. Lag. p. 106), auf ihre Berühmtheit und Heiligkeit in sehr alter, schon in der kenaanäischen Zeit weist vor allem ihre Bezeichnung als „Eiche des more" hin. Denn wenn auch „more" später zu einem Eigennamen erstarrt ist — wie Nachmanides zu Gen. 12,6 richtig sagt — so weist doch dieser Name nach seiner Etymologie ursprünglich auf einen „Lehrer" und Priester hin, der unter dieser Eiche dereinst sein Unwesen trieb (Jes. 9,14; 30,20; Hab. 2,18; vgl. נבעת המורה Jud. 7,1 und מורה). Nehmen wir mit andern das Wort als „Herr" (مَوْلَى; Hiob 36,22 übersetzen LXX das Wort mit δυνάστης), so hätten wir hier eine „Eiche des Herrn", scil. Gottes (allerdings gegen den nachweislichen Sprachgebrauch); oder denken wir mit andern an מורא, weil V 9,21 מורה im Sinne von מורא vorkommt (LXX u. Syr. lesen auch hier מורָה = Gesetzgeber), so hätten wir hier eine „Eiche des Schreckens" und der Verehrung, wozu das syr. ܡܘܪܐ gut zu vergleichen wäre, das sowohl מורא als auch אל bedeutet. In jedem Falle haben wir es hier mit einem dem ganzen Altertum bekannten hochverehrten Heiligtum zu thun.

Sehr beachtenswert ist für uns die Auffassung dieses „elon more" bei den Samaritanern, deren Nationalheiligtum in der nachbabylonischen Zeit gleichfalls in Sichem sich befand und deren Geschichte darum teilweise in den Rahmen unserer Abhandlung gehört. Der Samaritaner schreibt מׂרא und bleibt der Schreibung mit א treu auch in Deut. 11, 30, wo sich noch der Zusatz findet מול שכם. Dieses א für ה ist dem Anscheine nach nicht auffällig, da das Samarit. die Gutturalia promiscue setzt. Allein auch die samarit. Paraphrase hat sowol Gen. 12, 6 als auch Deut. 11, 30 für „elon more" מישר חזוה, und so führt auch sie mit Absicht auf einen Stamm ראה. Nun führt die Bibel den Namen des Hügels „Morija", auf dem Abraham seinen Sohn zum Opfer darbringen sollte, auf einen Stamm ראה zurück (Gen. 22, 14; II. Chr. 3, 1), Morija war der „Hügel der Gotteserscheinung". Die Stätte derselben verlegen aber bekanntlich die Samaritaner auf ihren Gerisim; dieser behaupten sie, sei der richtige Morija, wo Abraham seinen Sohn dargebracht habe und Gott ihm erschienen sei und so deute על אחד ההרים in Gen. 22, 2 auf ihren heiligen Berg Gerisim hin. Nun giebt der Samaritaner für מוריה: מוראה, also analog seiner Wiedergabe unseres „more"; die samarit. Paraphrase übersetzt „morija" mit חיתה, also wie unser „more" mit חוה (LXX hat gleichfalls für beide Namen: ὑψηλός). Diese auffallende Uebereinstimmung aber legt die Vermutung nahe, dass die Samaritaner auch hier, wie an so vielen andern Stellen, durch eine kleine Textesänderung ihre heiligen Stätten als die ächten hinstellen und erweisen wollten. „Elon more" ist מישר חזוה, das Tal der Vision (ארץ המוראה, „terra visionis" nach Hieron.), das ist Sichem, das nach Deut. 11, 30 in der Ebene liegt und woselbst Gott dem Abraham nach Gen. 12, 7 erschienen ist (הנראה אליו). Der Gerisim ist sonach der wahre Morija, der Berg der Erscheinung, wie die Stätte Sichems „das Tal der Erscheinung", das Tal der Gottesschau (גי חזיון, wie Jes. 22, 1 von Jerusalem gesagt ist)[1].

---

[1] אלן nimmt ein Teil der Verss. nach dem Samaritaner (wie auch איל Genes. 14, 6) als Tal, ebenes Feld, wie denn die Samar. auch sonst Sichem nach Gen. 33, 19 חלקת השדה nennen. Bleek

Es ist bereits erwähnt worden, dass nach der Tradition schon die Patriarchen auf ihren Wanderungen die Stätte Sichems betraten und daselbst einen Altar erbauten, um „den Namen des Ewigen" anzurufen. Jedenfalls war in Sichem noch in geschichtlicher Zeit der Rest einer altehrwürdigen Opferstätte sichtbar, eine Eiche, ein Stein, ein in die Augen fallender Punkt, an welchen die Volksüberlieferung anknüpfen und von dem aus sie ihre Fäden weiter spinnen konnte. Bekanntlich waren die Altäre und Heiligtümer zugleich Freistätten. Diesem heiligen Character Sichems entspricht es denn auch, wenn dasselbe von den Israeliten zur Zufluchtsstadt bestimmt wurde für Mörder, die einen Totschlag begangen hatten ohne Vorsätzlichkeit, und wenn dann diese Zufluchtsstadt den Leviten zum Wohnsitz eingeräumt wurde (Jos. 20, 7; 21, 21; I. Chr. 6, 52). — Besonders waren es die beiden Berge bei Sichem, die auf die erregbare Volksphantasie von jeher einen tiefen religiösen Eindruck machten, der fruchtbare Gerisim und ihm gegenüber der kahle Ebal. Auf hoher Bergesspitze fühlte sich das naive Altertum der Gottheit näher. So reicht denn die Heiligkeit dieser beiden Berge in der Nähe einer berühmten Stadt sicherlich in eine hohe Zeit hinauf und erhält sich bis zu einer späten Zeit. Deut. 11, 29; 27, 2 ff. ist geboten, aus dem Jordan ausgehobene Steine nach dem Einzuge in Kenaan zu einem Altare auf dem Berge Ebal zu verwenden und den Act der Bundesschliessung mit Gott, die feierliche Verkündigung des Gesetzes vor versammelter Gemeinde auf dem Heimatsboden, daselbst zu erneuern. Segnungen sollten von den Leviten, gegen die auf dem fruchtbaren Gerisim stehenden Stämme gewendet, ausgesprochen werden über diejenigen, die dem

---

(Theolog. Stud. u. Krit. 1831 p. 528) verlegt die Stätte des „morija" in die Nähe Sichems, da „morija" und „more" in der That dieselbe Oertlichkeit bezeichnen.

Gesetze treu leben würden; Flüche sollten von denselben, gegen die auf dem kahlen Ebal stehenden Stämme gewendet, ausgerufen werden über die Uebertreter des Gesetzes. Und das ganze Volk sollte die feierliche Bundesschliessung mit einem Amen bekräftigen [1]). Josua erbaute auch gemäss dieser Weisung auf dem Berge Ebal einen Altar dem Ewigen und erneute daselbst den Bund Israels mit seinem Gotte (Jos. 8, 30ff.) [2]). Vor seinem Tode will Josua noch einmal für die Befestigung der Theokratie sorgen, und da ist es wieder die nächst Silo heiligste Stadt Ephraims, ist es wieder Sichem, wohin er die Stämme Israels „zu dem Ewigen versammelt", ist es wieder jene seit der Urzeit geweihte Stätte unter der Eiche (s. oben p. 23), wo Bund und Gelübde erneuert werden (Jos. c. 24, 1, 25—27).

Es liegt nahe, die beiden in c. 8 u. 24 erwähnten Veranstaltungen zeitlich zusammenzurücken — wie denn Josephus (Antt. V 1, 19) die erste derselben, die auf Gerisim und Ebal, in das Ende der Lebenszeit Josuas verlegt und das samaritanische Buch Josua (c. 21) ein Fest erst nach der vollständigen Eroberung des Landes feiern lässt — da nach der Eroberung von Ai (Jos. c. 8) das Gebiet Sichems noch nicht in der Gewalt Israels ist, die Loose noch nicht verteilt sind und das Volk noch nicht zur Ruhe gekommen ist [3]). — Jedenfalls hat in Sichem ein ausserordentlicher Act feierlicher Bundesschliessung, insbesondere auf Gerisim und Ebal eine Ceremonie stattgefunden, von der sich noch die spätern Geschlechter erzählten, und so ist auch hierdurch der heilige Charakter Sichems,

---

[1]) Sota 32a, 33b, 36a, jer. VII, 3 beschäftigen sich mit dem Ort und der Art dieser Ceremonie.

[2]) Die Samaritaner lassen Josua ihr Heiligtum auf dem Berge Gerisim erbauen (vgl. Lib. Josuac ed. Juynb. c. 24 und in einem samarit. Briefe bei De Sacy: Not. et Extr. XII p. 220).

[3]) Vergl. hierzu Bleek: Einleitung p. 316.

als eines religiösen Mittelpunktes in ephraimitischem Kreise, bestätigt.

In der Richterzeit ist Sichem in Beziehung auf seine religiöse Bedeutung zurückgedrängt durch Silo. Aber auch in dieser Periode finden wir in Sichem ein bedeutsames Heiligtum, mit einem Tempelschatze ausgestattet, das dem phönikischen Bundesgotte Baalberith (*Ζεὺς ὅρκιος*) geweiht ist und das sonach bei einer Vereinigung von Städten, in einem grössern Kreise Geltung und Verehrung genossen haben wird[1]).

Wir haben in dem Bisherigen versucht, aus den dürftigen und vielfach zerstreuten Notizen ein Bild zusammenzustellen von der politischen und religiösen Bedeutung Sichems seit uralten Tagen. Wir treten nun in die Behandlung der spätern Zeit ein.

---

[1]) Jud. 8, 33; 9, 4, 27, 46, an der letzten Stelle schon hebraisirt. LXX nahmen auch an diesem אל בית Anstoss, weshalb es Cod. Vat. als nom. propr. nimmt, während der Alexandrin. übersetzt: *οἶκος τοῦ βάαλ διαθήκης*. S. übrigens oben p. 14.

II. Geschichte und Bedeutung Sichems bis zu seinem Untergange.

Das Zehnstämmereich hatte sich, da es nicht von der theokratischen Idee belebt und gestärkt wurde, nicht behaupten können, es wurde der Grossmacht Assyrien zur Beute. Allein bewohnt blieb das Land auch nach der Zerstörung des Reiches von einem Reste der Israeliten, der später ein Ferment des Mischvolkes der Samaritaner bildete (vgl. II. Chr. 30, 1. 6—10, 15; 31, 1; 34, 6, 9; 35, 18). So werden wir nicht überrascht sein zu hören, dass nach der Zerstörung Jerusalems Männer von Sichem und dessen Umgegend verstört und trauernd mit Opfern nach dem Gotteshause wallen[1]). Israel als Ganzes aber, als Organismus, war von der Bildfläche verschwunden und auf denselben Schauplatz traten neue Erscheinungen, die Samaritaner mit ihrem Mischcultus, die durch Sargon (722—705) und Esarhaddon (681—668) aus Ländern Persiens und Babyloniens nach Samaria verpflanzt worden waren[2]). Diese lassen sich nieder „in den Städten Samarias", also auch in unserem Sichem[3]). Später, da Sichem ihr Mittelpunkt geworden, werden die Samaritaner überhaupt zuweilen als „Sichemäer" bezeichnet (Sir. 50, 26; Joseph. Antt. XI 8, 6 und 7), wie denn Sichem auch in der nachbabylonischen Zeit als

---

[1]) Jer. 41, 5. Cod. Vat. bietet daselbst für שלו Σαλημ, welches ja in der Nähe Sichems lag, s. oben p. 5.
[2]) S. Schrader, KAT² pag. 274, 276 u. 373.
[3]) II. Reg. 17, 24; Esr. 4, 10 liest Pesch. gleichfalls den pl. ܡܕܝܢܬܐ. Vgl. Esr. apocr. 2, 16: ἐν Σαμαρείᾳ καὶ τοῖς ἄλλοις τόποις.

Repräsentant des nördlichen Westjordanlandes genannt wird in dem nachexilischen 𝒫 60, 8; 108, 8. Eine neue Erscheinung war der Samaritanismus, aber in ihm erwachte gar bald der Geist des untergegangenen Ephraim. Die Samaritaner übernahmen den geschichtlichen Beruf ihrer Vorgänger, ein Widersacher Judas zu sein, eine Gegenströmung gen Süden zu erzeugen; mit dem Namen Ephraims erbten sie auch dessen Wesen und Rührigkeit. Mit Vorliebe nämlich nannten sie sich Israeliten, Abkömmlinge der zehn Stämme und besonders Josephs, dessen Gebeine in ihrer Hauptstadt Sichem ruhten. (S. Gen. rab. c. 94; Antt. IX 14, 3; XI 8, 6; Joh. 4, 12; De Sacy, Not. et Extr. XII p. 3: ואנחנו כלנו מן בני יוסף, und ö.) Die Bezeichnung „Samaritaner" dagegen wollen sie gar nicht verstehen, sie seien vielmehr die שמרים, die wahren „Hüter der heiligen Thora" (Ep. ad Ludolf. ed. Bruns p. 2, 11 und ö.)[1]).

Die bei den Rabbinen fast ausnahmslos vorkommende Bezeichnung für Samaritaner ist כותים, Kuthäer[2]). Doch ist zu-

---

[1]) Entschieden falsch ist die Anmerkung von Kohn (sam. Stud. p. 92), dem Graetz (IIb p. 172) zustimmt, dass die Samaritaner sich selbst „Israel", die Juden aber בני יעקב nannten und dass in Bezug darauf II. Reg. 17, 34 polemisch bemerken wolle, Jacob u. Israel sei doch dasselbe. Denn Joh. 4, 12 nennt das samar. Weib auch Jacob „πατὴρ ἡμῶν", im Briefe von 1808 (De Sacy a. a. O. p. 53) sagen die Sam. ganz nach der citirten Stelle يعقوب الذى تسمـ ... اسرايل, das. p. 54 sagen sie, sie stammen ab von يعقوب الاسرائيلى, p. 203, sagen sie بعقوب ابونـ u. p. 212 אבינו יעקב ישראל.

[2]) Jos. (Antt. IX 14, 3): οἱ κατὰ μὲν τὴν Ἑβραίων γλῶτταν Χουταῖοι, κατὰ δὲ τὴν Ἑλλήνων Σαμαρεῖται. Doch ist De Sucy zu berichtigen, der (Not. et Extr. XII p. 5), s. auch Vilmar (annal. Samar. p. XXXI), sagt: Ils (les Juifs) ne les ont jamais désignés en leur langue que sous le nom de Cuthéens, da sie auch in rabbinischen Schriften ausnahmsweise „Samariter" genannt werden, z. B. Gen. rab. c. 32, 81, 94; jer. Abodn sura V, 4; Tanchuma zu Genesis 37; Pirke d'R. Elies. c. 38. — Vorzugsweise Kuthäer aber wurden sie nach Elia Levita (Tischbi s. v. כוז) darum genannt,

weilen schwer zu entscheiden, ob diese Bezeichnung auf einen echten Samaritaner geht oder auf einen Heiden oder Apostaten, da durch die Hand der Censur in den rabbinischen Schriften unter den Ausdrücken נכרי, גוי, מין, כותי eine heillose Verwirrung angerichtet worden ist. Ueber den Begriff כותי ist eine ausführliche kritische Untersuchung noch nicht versucht worden. Einige bezügliche Bemerkungen mögen hier einen Platz finden.

Die Rabbinen pflegten besonders seit der Zeit, da Samaritanismus und Judaismus einander als ausgeprägte Gegensätze gegenüberstanden und der erstere in Folge dessen der Idolatrie beschuldigt wurde, einerseits die Kuthäer als Apostaten und andererseits die Apostaten und Heiden als Kuthäer zu bezeichnen. Josephus (Antt. XI, 8, 6) sagt, Sichem sei bewohnt „ὑπὸ τῶν ἀποστατῶν τοῦ 'Ιουδαίων ἔθνους", während wir bei den Rabbinen folgende herabsetzende Epitheta für Samarit. finden: נכרי (Joma 69a), עם הארץ = rusticus (Gen. rab. c. 79)[1]), הדיוטות = ἰδιῶται (Synhedrin 21b). Nachdem so die verschiedenartigsten Prädikate in den Begriff כותי hineingetragen waren, kehrte sich das Verhältnis um und man nannte bisweilen einen Apostaten oder einen religiös nicht intacten Menschen auch Samaritaner. In diesem uneigentlichen Sinne wird auch Jesus ein Samaritaner (Joh. 8, 48) und blos imaginär ein Traumdeuter Kuthäer genannt (Echa rabba z. c. 1, 1). Aus Gehässigkeit wurde nun aber auch auf die Rechnung der Sam. eine Reihe von Schlechtigkeiten gesetzt, die nicht dahin gehörte. So soll es ein Kuthäer gewesen sein, der den frommen Elasar hammodai bei der Belagerung von Bettar bei Barkosiba in Verdacht und dadurch die Stadt

---

weil die nach Samaria verpflanzten Völkerschaften in ihrer Mehrbeit aus Kutha stammten.

[1]) Vielleicht beabsichtigte Beziehung auf עמי הארצות in Esra 9, 1, 11; 10, 2, 11, 29.

zu Falle gebracht habe (a. a. O. zu c. 2, 2¹); jer. Taan. IV 7); ein Kuthäer rühmt sich Barkosiba erschlagen zu haben, ein anderer erzählt, er habe die beiden starken Brüder, die den Römern so gefährlich waren, erschlagen. (Lediglich eine Verarbeitung dieser Sagen ist die Erzählung im sam. Buch Josua (c. 47). nach welcher zwei sam. Brüder, Ephraim und Menasse, den römischen Belagerern von Jerusalem einen unterirdischen Weg nach der Stadt zeigen.) Wenn Gen. r. c. 61 (Glosse zur Fastenchronik c. 3, Jalkut I. 110) die Samar. Alexander den Grossen gegen die Juden aufreizen wollen, indem sie ihm sagen, die Juden würden ihm den Eintritt ins Allerheiligste wehren, so geht auch diese Ueberlieferung aus dem Bestreben hervor, den Samaritanern so viel als möglich aufzubürden; dieselbe Ueberlieferung knüpft III. Makk. 1. 10ff. an Ptol. Philopator an, wahrscheinlich aus derselben Quelle fliesst die Reminiscenz in Joma 69a: יום שבקשו כותים את בית אלהינו מאלקסנדר מוקדן להחריבו, die Samaritaner hätten den Makedonier Alexander gebeten, den jerusalemischen Tempel der Zerstörung preiszugeben. — Durch die Censur ist später noch mehr auf die Rechnung der Samaritaner gekommen, indem oft für כו einfach כותי substituirt wurde. So berichtet die Mischna Rosch hasch. II 2 (Beza 4b) משקלקלו הכותים u. s. w., die Sam. hätten die Signale, mittelst welcher von den Spitzen der Berge die Erscheinung des Neumondes den Gemeinden angezeigt wurde, gefälscht und so die Gemeinden irre geführt. Handschriften und alte Drucke (vgl. Rabbinow., dikduke sofr. z. St.) haben für כותים die Lesart מינין, so dass man mit Graetz annehmen kann, es seien hier Judenchristen gemeint²). — Gen. r. c. 4 äussert ein Kuthäer dem R.

---

¹) Hier ist für גונתאי zu lesen כותאי, wie schon Kirchheim bemerkt (karme schomr. p. 11).

²) Vergl. Rosch haschana II, 1, wo die Boethusäer falsche Zeugenaussagen über die Erscheinung des Neumondes veranlassen, während Handschr., alte Drucke und Jerusch. auch hier מינין haben.

Meïr gegenüber Zweifel über Aussprüche des Pentateuchs und citirt eine Stelle aus Jeremia. Das passt aber auf einen Kuthäer ganz und gar nicht, denn den Samarit. war die Heiligkeit des Pentateuchs über alle Zweifel erhaben und die Propheten waren ihnen wohl unbekannt. — Synhedr. 64a gelobt eine kranke Kuthäerin, nach ihrer Genesung sich dem Götzendienste zuzuwenden; eine andere dingt einen Esel, um sich nach Peor zum Götzencultus zu begeben. Hier, wo es sich allein um die Verhöhnung des Götzendienstes handelt, hat Sifre zu IV. M. 25, 1 die richtige Lesart aufbewahrt: אשה נויה = Heidin. — Sifre zu Num. 15, 31 weist R. Elieser den Kuthäern (כותים סברי וייסתי) nach, dass die Auferstehung der Toten in der Thora angedeutet sei (vgl. Synhedr. 90b). Schon As. de Rossi (meor enj. c. 3) bezieht die Stelle auf die Sadducäer, die bekanntlich die Auferstehung geleugnet haben; sonach wird auch wohl סברי („Schriftgelehrte") zu lesen sein. — Dagegen hat sich כותים in Taan. 5b, wo sie gar als Feueranbeter erwähnt werden, als Fehler für die kurz vorher erwähnten „Kittim" eingeschlichen (vgl. dikduke sofr. z. St.). Ebenso ist Berach. VIII 1 כושים ein Fehler für כותים und dieses bedeutet גוים. S. auch Commentar des Maimon. z. St.

Wir nehmen nun nach dieser kurzen Abschweifung den Faden der Geschichte wieder auf. — Gleich im zweiten Jahre nach der Rückkehr der judäischen Gemeinde aus dem Exil erneute sich der alte Gegensatz zwischen dem Norden und dem Süden Palästinas. Die Samaritaner wollten sich am Tempelbau der Juden beteiligen, wurden aber von diesen wegen ihres grösstentheils heidnischen Ursprungs und heidnischen Cultus zurückgewiesen. Die Folgen dieser Zurückweisung waren die verschiedenartigsten Ränke und Schliche der Samaritaner im Lande und am persischen Hofe,

---

Maimon. hat kidduach hachod. III, 8 הכותים, während das. II, 2 האפיקורסין erscheinen.

die hinwieder die Juden unter Führung des Esra und Nehemia veranlassten, jene immer mehr von sich abzustossen und auszuscheiden. Und als dann in einer Volksversammlung am 20. des 9. Monats im Jahre **458** die Lösung der Ehen mit den fremden Frauen beschlossen wurde, da war die Trennung zwischen „Ephraim" und Juda abermals endgültig vollzogen. Unter Anführung und Leitung des thatkräftigen Satrapen Sanballat aus Bethchoron in Ephraim („Χουθαῖος τὸ γένος", Antt. XI 7, 2) wurden nun die Feindseligkeiten gegen das neue Juda fortgesetzt, bis zum zweiten Male in der Geschichte ein tiefgehender Riss im jüd. Gemeinwesen herbeigeführt wurde. Die äusserste Folge aber dieser Parteiungen und Strömungen, die uns hier besonders interessirt, war die **Erhebung Sichems zum Mittelpunkte des Samaritanismus** durch Erbauung des samarit. Tempels auf dem Berge Gerisim.

Ueber dieses politisch und religionsgeschichtlich wichtigste Ereignis in der Geschichte der Stadt Sichem und der Samaritaner, das auch von so hervorragender Bedeutung ist für die jüdische Geschichte der nachbabylonischen Zeit, erhalten wir den folgenden ausführlichern Bericht bei Josephus.

Jaddua, Sohn des Jochanan[1]), hat einen Bruder Manasse, dem der Kuthäer Sanballat, Satrap von Syrien unter Darius Codom., seine Tochter Nikaso zur Frau giebt, weil er glaubt, dass diese Verbindung eine Bürgschaft bieten werde für das Wohlwollen des ganzen jüdischen Volkes (Antt. XI 7, 2). Es empörten sich aber die Aeltesten Jerusalems dagegen, dass Manasse „teilhaben sollte am Hohepriestertum", da sie meinten, dies würde einen Abweg eröffnen und zu einer Vermischung mit den Fremden führen. War doch auch das Exil nur eine Folge gewesen der durch

---

[1]) Nehemia 12, 11, wo für Jonathan nach v. 22 Jochanan wiederherzustellen ist.

Heimführung fremder Frauen begangenen Sünden. Darum verlangen sie, dass Manasse von seiner Frau scheide oder den Altar verlasse. Da sein Bruder Jaddua ihm hierauf den Altar verbietet, geht er zu seinem Schwiegervater Sanballat und sagt ihm, dass er zwar seine Tochter liebe, doch aber der in seinem Volke und seiner Familie so hoch geachteten Priesterwürde nicht verlustig werden wolle. Als ihm Sanb. hierauf versprach, ihn gar mit Bewilligung des Darius zum Hohepriester eines auf Gerisim zu erbauenden, dem zu Jerusalem ähnlichen Tempels zu machen und ihn zum Nachfolger in der eigenen Herrschaft einzusetzen, blieb Man. bei Sanb. Dieser war damals schon in vorgerücktem Alter. Viele Priester aber und Israeliten gingen zu Man. über, da Sanb. sie mit Geld unterstützte und ihnen Land zum Wohnsitz und Ackerbau zuwies (XI 8, 2). — Als nun Darius dem Alexander im Kampfe gegenüberstand, freute sich Sanb., sein Versprechen nach dem allseits vermuteten Siege des erstern erfüllen zu können. Indess wurde Darius geschlagen und es kam zur Belagerung von Tyrus, bei welcher Gelegenheit sich der Hohepriester Jaddua weigert, die von Alex. verlangten Hilfstruppen zu senden, weil er den dem Darius geleisteten Unterthaneneid nicht brechen wolle. Alex. droht mit Bestrafung (a. a. O. XI 8, 3).

Jetzt meint Sanb., dass die geeignete Zeit für sein Vorhaben gekommen sei. Er fällt von Darius ab und begiebt sich mit 8000 seiner Untergebenen zu Alex., dem er sich und sein Land zur Verfügung stellt. Als dieser ihn freundlich aufnahm, fasste er Mut und erzählte ihm, sein Schwiegersohn Man.. des Hohepriesters Jaddua Bruder, wolle mit vielen seiner Volksgenossen in seinem (Sanballats) Gebiete einen Tempel bauen. Es würde ja des Königs Vorteil sein, wenn hierdurch die Kraft der Juden geteilt würde. Nachdem Alex. seine Zustimmung erteilt hatte, erbaute er in grösster Eile einen Tempel auf dem Berge

Gerisim und setzte Man. zum Priester desselben ein, indem er glaubte, dass dies den Kindern seiner Tochter zu hoher Ehre gereichen werde. Nach der Belagerung von Gaza durch Alex. stirbt Sanb. (a. a. O. XI 8, 4). Alex. zieht jetzt auf Jerusalem los, um Jaddua zu bestrafen. Als dieser aber im vollen Ornat mit der ganzen Bevölkerung den König begrüsst, ist derselbe erstaunt in dem Priester denjenigen wiederzuerkennen, der ihn einst im Traume zu seinem Zuge nach Asien ermutigt hatte[1]). Er erlaubt dann den Juden nach ihren Gesetzen zu leben und schenkt ihnen sogar den Tribut im Erlassjahre. Viele von ihnen treten in sein Heer ein.

Da sich nun Alex. nach dem Norden wendet, laden ihn die Samaritaner ein, auch ihr Heiligtum mit seinem Besuche zu beehren. Er sagt ihnen, er wolle diesen Wunsch nach seiner Rückkehr aus Aegypten erfüllen. Sie bitten ihn nun um den Erlass der Steuern im Schemittajahr und geben sich, da er sie nach ihrer Nationalität frägt, für Juden aus. Erst auf eine nochmalige Frage gestehen sie, sie seien keine Juden. Da sagt er, er habe den Erlass blos den Juden gewährt, wolle jedoch ihr Anliegen nach seiner Rückkehr nochmals prüfen. Sanballats Soldaten nimmt er nach Aegypten mit (XI 8, 6). Und von da ab begab sich jeder, der sich in Jerusalem durch ein religiöses Vergehen unmöglich gemacht hatte, nach dem Zufluchtsort Sichem (vgl. auch XIII 9, 1).

Wir hätten sonach, wenn wir Jos. folgen dürfen, für die Erbauung des samaritanischen Tempels das Jahr 332 anzunehmen. — Es ist zunächst selbstverständlich, dass die Kirchenväter und die jüdischen Chronisten des Mittelalters in ihrer Berichterstattung über diesen Punkt von Josephus abhängig sind und ihm kritiklos folgen. So

---

[1]) Nach Joma 69a, wo eine andere Ausgestaltung der Sage erscheint und wo die Samaritaner die Feindschaft Alexanders gegen die Juden veranlassen, war Simon justus damals Hohepriester.

setzt Euseb. (chron. can.) die Erbauung des samaritan. Tempels in die 111. Olympiade = 333 v. Chr., während Syncellus (chronogr. ed. Dind. I p. 487) nur darin abweicht, dass nach ihm Sanb. schon bei Darius um die Erlaubnis zum Bau nachgesucht habe („*δεηθείς πρώτον μέν Δαρείου*"). Abr. b. David fügt noch die jüd. Ueberlieferung hinzu, Zadok und Boëthos, die bekannten Sektirer, seien mit Manasse zum Gerisim übergegangen. Ihm folgen Zacuto (Juchas. ed. Filip. p. 12), Seder haddor. und Josippon (c. V). Wir werden uns darum nach ältern Quellen umsehen müssen, die Jos. entweder bestätigen oder widersprechen. Da giebt uns Neh. 13, 28 einen kurzen Bericht darüber, dass Nehemia nach seiner zweiten Ankunft in Jerusalem einen von den Söhnen des Hohepriesters Jojada, weil derselbe Schwiegersohn des Sanball. war, fortgejagt habe. Wäre die hier erwähnte Thatsache nicht identisch mit der bei Jos. geschilderten, so müsste es zwei Sanb. gegeben haben, einen Zeitgenossen Nehemias und einen ein Jhud. später lebenden Zeitgenossen Alexanders, die beide an der Spitze der sam. Bewegung standen[1]), beide persische Satrapen waren, beide über ein Heer verfügten (Neh. 3, 34), beide ihre Tochter einem jüd. Priester zur Ehe gaben, der darum von Tempel und Altar verwiesen worden wäre, und dasselbe Ereignis, das uns sehr natürlich erscheint zur Zeit Nehemias, bei der Hochflut der nationalen Reinheitsbestrebungen auf jüdischer Seite, müsste sich ein Jahrhundert später, als diese Bestrebungen überflüssig und nicht mehr zeitgemäss waren, genau in derselben Weise wiederholt haben, was alles die höchste Unwahrscheinlichkeit für sich hat. Ausserdem lässt die Aehnlichkeit des hinterlistigen, schlauen und thatkräftigen Characters der beiden Sanballat, des bei Jos. und des im Buche Nehemia auftretenden, über ihre Idendität keinen Zweifel übrig.

---

[1]) S. oben p. 33.

Nun bringt Jos. Auszüge aus dem Buche Nehemia, erwähnt auch die Ränke und Nachstellungen der Samarit., des in Neh. so oft erwähnten, im Vordertreffen stehenden Anführers Sanb. aber geschieht bei dieser Gelegenheit gar keine Erwähnung! (Vgl. Antt. XI 5, 6—8.) Er passt ihm eben nicht an beiden Stellen und Jos. muss als Jude, der Volksüberlieferung folgend, den Tempelbau der Samaritaner so tief als möglich in der Zeit herunterrücken. — Damit fällt Juynbolls Behauptung, es habe zwei Sanb. gegeben [1]), und Bertholdts Annahme (hist. krit. Einleit. p. 1033), der Bericht Neh. 13, 28 sei ein späteres Einschiebsel.

Die meisten Neuern stimmen denn auch gegen Jos. Allein in der Wissenschaft entscheidet nicht die Majorität, sondern die gründliche Kritik. Wir wollen es mit einer solchen über diesen in der Geschichte Sichems so hervorragenden Punkt in Folgendem versuchen.

Wenn Jos. im Anfange seines Berichtes (XI 8, 2) sagt: ἡγοῦντο (sc. πρεσβύτεροι Ἱεροσολυμιτῶν) τῆς πρὸς τοὺς ἀλλοφύλους κοινωνίας ἀρχὴν τοῦτο ἔσεσθαι, so ist daran zu erinnern, dass er selbst den „Anfang" dieser Vermischung mit den Fremden schon in einer frühern Periode, zur Zeit Esras und Nehemias, geschildert hat (XI 5, 3—4), wie er denn auch bald nach der erwähnten Stelle richtig bemerkt: πολλῶν δὲ ἱερέων καὶ Ἰσραηλιτῶν τοιούτοις γάμοις ἐπικεπλεγμένων. — Die Erlaubnis zum Tempelbau soll ausgewirkt sein bei der Belagerung von Tyrus, die 7 Monate dauerte. Kann da —

---

[1]) Comment. in hist. gentis Sam. p. 86. Die Zuverlässigkeit des Jos., die bekanntlich für die ältere Zeit auf sehr lockerer Grundlage ruht, versucht er durch folgende Vermutung zu retten: Verisimile est, Jos. consuluisse „annales pontificum", in quibus . . . ea quae ab eo (scil. Manasse) narrantur et historia conditi templi Sam, silentio omitti vix potuerunt. Zwei Sanb. nehmen an: Petermann (Herzogs Realencycl. s. v. Samar. u. Reisen p. 271), Krochmal (more neb. hasomen p. 48), Kirchheim (karme schomr. p. 4). Munk (Palest. p. 483) tritt ein für eine blosse Namensverwechselung bei Josephus.

so wird mit Recht schon von der ältern Kritik geltend gemacht — nach der Eroberung von Gaza, also nach noch nicht vollen 9 Monaten, ein so grosses Bauwerk, wenn auch mit der grössten Eile gearbeitet wurde („πᾶσαν εἰσενεγκάμενος σπουδήν"), so weit gefördert sein, dass die Samar. den König bei seiner Anwesenheit in Jerusalem zum Besuche desselben einladen durften? — Nun hat Alex. diesen so unwahrscheinlichen Zug von Gaza nach dem Norden gar nicht gemacht, sondern er überliess nach der Eroberung von Tyrus den Norden Palästinas seinem Feldherrn Andromachus (s. Curtius Rufus, hist. Alex. IV 5), während er selbst nach Gaza und nach dessen Eroberung sofort nach Aegypten aufbrach, wo er nach 7 Tagen anlangte[1]). Erst von hier eilt er nach Palästina zurück, um die Samaritaner zu züchtigen, die Androm. ins Feuer geworfen hatten[2]). Man weiss nicht recht, was vorgefallen ist, aber sicherlich hätten sie das nicht gethan, wenn Alex. — wie Jos. und die Samarit. in ihren Schriften behaupten — ihr Wohlthäter und Freund gewesen wäre. Die freundliche Gesinnung Alexand. gegen die Samaritaner ist überhaupt unwahr; denn Joseph. selbst erzählt uns ja, Alex. wäre auf ihre Bitten gar nicht eingegangen, ausserdem wird seine Geneigtheit gegen die Juden und seine Abneigung gegen die Samaritaner durch Joma 69a und das vielfach citirte Fragment des Hekataeus zuverlässig bezeugt[3]).

Nehmen wir aber an, Manasse sei in der That erst unter Darius Codom. zu Sanb. übergegangen, also etwa 334—33; denn „κατὰ δὲ τοῦτον τὸν καιρόν" (Antt. XI 8, 3),

---

[1]) A. a. O. IV 7 u. Arrian (Anabas. 3, 1): ἑβδόμῃ ἡμέρᾳ ἀπὸ τῆς Γάζης ἐλαύνων ἧκεν ἐς Πηλούσιον·
[2]) Curtius IV 8, Euseb. (chron. II, 223), Barhebr. (chron. dynast. VII, der Androm. auffallend ܠܒܘܣܐ nennt).
[3]) Jos. c. Ap. II 4: 'Ετίμα γὰρ ἡμῶν τὸ ἔθνος . . . . ὅτι διὰ τὴν ἐπιείκειαν καὶ πίστιν, ἥν αὐτῷ παρέσχον 'Ιουδαῖοι, τὴν Σαμαρεῖτιν χώραν προςέθηκεν ἔχειν αὐτοῖς ἀφορολόγητον.

d. i. in der Zeit des geschilderten Uebertrittes des Man., zieht Darius zur Schlacht bei Issus (333). Erst durch Man. aber, jedenfalls nicht vor ihm, ist der Pentateuch zu den Samaritanern gekommen. (Die neuere Kritik nimmt an, dass unter Darius Nothus oder gar erst unter Alexander der Pentateuch zu den Samaritanern gekommen sei.) Nun aber verlangen sie nach der Eroberung von Gaza im Jahre 332, also schon nach etwa 2 Jahren, den Erlass von Steuern im Schemittajahr (a. a. O. XI 8, 6). Wenn sie aber das Erlassjahr z. Z. Alexanders schon beobachten, wie aus der Angabe des Jos. hervorgeht, so würde dies entschieden ein längeres Einleben in die Institutionen des Pentateuchs voraussetzen. Nun ist es aber auch sehr zweifelhaft, ob denn die Samarit. überhaupt die Schemitta berücksichtigt haben. Man sollte dies zwar ohne weiteres zugeben, wenn man bedenkt, dass sie den Pentateuch angenommen und dass im Talmud selbst ihnen das Zeugnis gegeben wird: (Choll. כל מצוה שהחזיקו בה כותים הרבה מדקדקין בה יותר מישראל 4a; s. Berach. 47b: נמאי דכתיב באורייתא מהיר זהיר). Sie selbst ferner rühmen sich in ihrem Buch Josua[1]) der Beobachtung der Schemitta seit den Tagen „des Königs Josua" und in einem Briefe an Huntington (Eichh. Repertorium LX p. 33) geben sie das Datum auch nach dem Erlassjahr an. Allein mehrere Halachas sprechen mit Bestimmtheit darüber, dass die Sam. nicht die Schemitta beobachteten: jer. Schebiit III 1 heisst es, man dürfe mit dem Heiden und Kuthäer im 7. Jahre den Dünger aufs Feld bringen (vgl. Tosefta I 4); Tos. Scheb. III 13 heisst es: wenn der Heide und Kuthäer (im 7. Jahre) das Feld beackern u. s. w.; endlich jer. Demai II 1: ישראל משמטין וגוי פטור ישראל וגוים רבים על הכותים, welch letztere also verpflichtet seien zur Beobachtung der Schemitta, dieser Verpflichtung aber nicht

---

[1]) C. 38: ويسمّونه الأرض من تاريخ الملك فى كل سبع سنين سنة واحدة لا زرع فيها ولا فلاحة ; vgl. auch das. c. 15.

nachkämen¹). — Zum Schlusse sei noch erwähnt, dass der Talmud zwar keinerlei Ueberlieferung über die Erbauung des sam. Tempels hat, wohl aber über die Zerstörung desselben, die er in die Zeit Alexanders verlegt. Also setzt auch er das Vorhandensein eines Tempels vor der Zeit Alexanders voraus²), wie auch die sam. Quellen, die mit Behagen — freilich unter Verarbeitung jüd. Sagen — von dem Verhältnis Alexanders zu den Samarit. sprechen (l. Jos. c. 46), nichts vom Tempelbau in seiner Zeit wissen, sondern das Datum desselben hinaufrücken in die Zeit des Josua (l. Jos. c. 24). — Nach allen diesen Einwänden und Beweismitteln müssen wir das Datum für den Tempelbau in die Zeit nach Nehemia verlegen. Damals hatte der Rigorismus auf jüd. Seite gerade in Priesterkreisen, bei einer aristokratischen Clique, Gegnerschaft hervorgerufen (Neh. 13, 4), Priester und Leviten hatten sich mit Samaritanern verschwägert (Esr. 9, 1; Neh. 13, 29; Mal. 2, 8; 3, 3), so dass Nehemia nach seiner zweiten Rückkehr durch die Verjagung des Priesters Manasse gründlich aufzuräumen und ein warnendes Strafbeispiel aufzustellen sich genötigt sah. Andererseits war damals schon bei den Samaritanern das Bedürfnis einer eigenen Stätte der Gottesverehrung nach jüdischem Vorbild längst vorhanden (Esra 4, 2); durch den Uebertritt des Manasse erhielt es neue Nahrung und zugleich Befriedigung. Sonach fand der Tempelbau bei Sichem im letzten Viertel des 5. Jahrhunderts statt³).

---

¹) Kirchheim (karme sch. p. 22 u. 38) sagt auch עובדין בשביעית, giebt aber zu wenig Belege.

²) Joma 69a u. Glosse zur Fastenchronik 9, 3. Dies hat übrigens schon As. de Rossi (meor enaj. c. 21) und nach ihm David Gans (Zem. Dav. I) angemerkt.

³) Manasse war sonach auch nicht, wie Joseph. berichtet, ein Bruder des Jaddua, sondern des Jochanan (Jonathan), סבני ירדי, wie es in dem nun gerechtfertigten Berichte Neh 13, 28 heisst. Jojada aber war Hohepriester um 410.

Durch diesen Tempelbau auf Gerisim wurde Sichem wieder Mittelpunkt aller vom Norden aus gegen Juda gerichteten Bestrebungen, zum zweiten Male die „μητρόπολις" (Antt. XI 8, 6) des Nordens. Indem Sichem die alte Hauptstadt Samaria überflügelt, gewinnt es in politischer und religiöser Beziehung seine alte Bedeutung für mehrere Jahrhunderte zurück, es wetteifert wieder mit Jerusalem, der Gerisim beansprucht für sich die Heiligkeit des Morija (Joh. 4, 20), er ist von nun an der „heilige Berg" (Deut. rab. c. 3) oder der schon in der Bibel als „Berg des Segens" bezeichnete Ort, جبل البركة[1]). Der Gerisim ist القبلة في نحلת יוסף (s. Repertor. XVI p. 192), seinen Tempel nannte man auch gleich dem auf Morija היכל schlechtweg[2]). Das Vorrecht Sichems als alleiniger Hauptstadt des wahren Israel und die Heiligkeit des Gerisim aus der Bibel zu erweisen, gaben sich die Samaritaner die erdenklichste Mühe, und was nicht aus der Bibel heraus bewiesen werden konnte, das wurde sehr häufig mit grosser Geschicklichkeit in sie hineingetragen. Sie verfahren hierin ähnlich wie die aegyptisch. Juden, die aus עיר ההרס (Jes. 19, 18) eine „πόλις 'Ασεδέκ" (Jes. 1, 26), ein Neu-Jerusalem machen, um die Berechtigung ihres Oniastempels zu begründen. Von jüdischer Seite werden darum den Samaritanern die heftigsten Vorwürfe gemacht. R. Elasar b. R. Jose klagt sie der Textfälschung an: אמרתי להם לסופרי כותים זייפתם את התורה . . . שכתבתם אצל אלוני מורה שכם. R. Elieser behauptet sogar, die Bibel meine mit den Bergen der Segnungen und der Flüche gar

---

[1]) Gen. r. c. 32, 81, Hoheslied s. v. כמגדל דוד.

[2]) Das פלטסין, wie der Gerisim genannt wird in den eben citirten Midrasch-Quellen, darf wohl als verderbte Form des Wortes palatium, im Sinne von היכל, angesehen werden. So übersetzt auch Raschi פלטין = palais, und Hos. 8, 14 wird selbst ein Götzentempel היכל genannt. Grünbaum (ZDMG XXIII p. 640) liest das Wort als (Nea)-politanus, die annehmbarste unter den über dieses Wort sonst aufgestellten Vermutungen.

nicht die beiden Berge bei Sichem[1]). So wird der Streit über die Heiligkeit und Gesetzmässigkeit des Tempels auf beiden Seiten mit Heftigkeit geführt, hört auch fernab vom Heimatslande (z. B. in Alexandrien, vgl. Antt. XII 1. 1) nicht auf und wird sogar bis in die Neuzeit in den samar. Briefen fortgesetzt. Während auf jüdischer Seite sogar zu dem Vorwurf der Abgötterei, eines Taubencults auf Gerisim gegriffen und jeder Verkehr mit den Samaritanern durch die Halacha sehr erschwert wurde[2]), werden diese nicht müde, in ihrer Liturgie und ihren Briefen jenen Vorwurf zurückzuweisen und zu beteuern: לית אלה אלא אחד.

Die Institutionen der Samaritaner scheinen ein Jahrhundert lang von gutem Erfolg und Gedeihen begleitet gewesen zu sein. Den ersten Schlag bekamen sie durch Alexander, gegen dessen Feldherrn Andromachus sie einen Aufstand erregten, in Folge dessen ein Teil ihres Gebietes den Juden zugeteilt wurde (s. oben p. 38). Sie selbst freilich können nicht genug die Freundlichkeit Alexanders und sein Wohlwollen, seine Unterwerfung unter den „Gott Israels" rühmen (lib. Jos. c. 46). — Von diesem Zeitpunkte an ist die Geschichte Sichems und der Samaritaner überhaupt eigentlich nur eine lückenhafte Geschichte vielfacher Bedrängnis und Verfolgung. Die in Coelesyrien ausgefochtenen Diadochenkämpfe und die Kriege zwischen Syrien und Aegypten werden auch die Samaritaner hart mitgenommen haben. So hat Ptolem. Soter auch Samaritaner „ἀπὸ τῶν ἐν τῷ ὄρει τῷ Γαριζείν" (Antt. XII 1, 1) gefangen nach Aegypten fortgeführt und sie daselbst angesiedelt.

Von grösserem Interesse ist das Schicksal des Heiligtums bei Sichem und der Samaritaner in der Zeit, als auf dem Boden Palästinas auf Leben und Tod für den

---

[1]) Sifre z. Deut. 11, 30; Sota 33b; jer. Sota VII 3.
[2]) Gen. rab. c. 81; Chol. 6a; jer. Ab. sara V 4; Mas. Kuthim; vgl. über diesen Punkt: Frankel (Pal. Exegese p. 248 ff.) u. Kirchheim (karme sch. p. 21 ff.).

Monotheismus gekämpft wurde, in der Zeit der Makkabäerkriege. Handelte es sich doch in jenen Kämpfen um ein Gut, das den Samaritanern eben so heilig sein musste wie den Juden, handelte es sich doch um das Ringen und die Verteidigung weltbewegender Ideen! Und wie verhielten sich da die Samaritaner? Sicher ist, dass auch sie grosser Gefahr und grossen Leiden ausgesetzt waren: „χαλεπὴ δὲ καὶ τοῖς ὄχλοις (die האנשים עמי Esr. 9, 1) ἦν καὶ δυσχερὴς ἡ ἐπίστασις τῆς κακίας" (II. Mak. 6, 3). Die Syrer konnten naturgemäss sowenig einen Unterschied machen zwischen Juden und Samaritanern als später die Römer. Und so wurde auch in die Centralstelle des sam. Cultus eine Truppenabteilung unter Andronikus gelegt (das. 5, 23). Sehr natürlich ist es aber, wenn die Samaritaner weniger Zähigkeit und Kraft besassen den hellenisirenden Bestrebungen der Seleukiden zu widerstehen als die Juden. Diese Thatsache ist, etwas aufgebauscht und feindselig in die Breite gezogen, bei Josephus (Antt. XII 5, 5) berichtet. Nach dessen Darstellung senden sie an den „Gott" Antiochus Epiphanes eine Botschaft und teilen ihm mit, sie seien Sidonier, die aus ihrem Vaterlande wegen einer daselbst herrschenden Pest ausgewandert wären nach Sichem[1]). Ihre Väter hätten auf dem Gerisim einen Tempel erbaut, den Aberglauben der Juden angenommen und den Sabbat gefeiert, der König möge ihnen aber die Verbrechen der Juden nicht anrechnen, „ἡμῶν καὶ τῷ γένει καὶ τοῖς ἔθεσιν ἀλλοτρίων ὑπαρχόντων". Sie bitten ihn, er möge in seiner Güte gestatten, dass ihr bis dahin namenloser Tempel der des Zeus Hellenios genannt werde[2]).— Dieses Entgegenkommen der

---

[1]) Vgl. IX 14, 3, abweichend in II. Reg. 17, 26 u. l. Jos. c. 45.
[2]) Richtiger II. Mak. 6, 2 „Διὸς Ξενίου", weil die Einwohner des Ortes Fremde wären; vgl. dagegen Grimm (Exeg. Handbuch p. 109). Geiger (Urschr. p. 34) conjecturirt, dass sie den Hellenios nannten, weil dieser Name bei seinem Anklang an „eljon" ihr Gewissen beruhigte.

Samaritaner, veranlasst durch die eigene Schwäche einerseits und durch ihre feindselige Stellung gegen die Juden andererseits, erklärt es auch zur Genüge, wenn — wie es den Anschein hat — sie später auch in den Reihen der syrischen Heere, teilweise wahrscheinlich gezwungen, gegen die Juden kämpfend erscheinen. In Samaria wird durch die Syrer ein Heer aufgebracht (1. Mak. 3, 10)[1]), die Juda benachbarten Völker lassen sich in eine Verschwörung gegen dasselbe ein — unter ihnen pflegten die Samaritaner nie zu fehlen — so dass der Makkabäer Juda nach seinem siegreichen Zuge nach Gilead einen Streifzug durch Samaria machen muss[2]). Die Hellenisirung hatte also bei den Samarit. einen günstigern Erfolg als bei den Juden, dieser Zersetzung im Innern aber folgte bald ein mächtiger Ansturm von aussen, dem der morsch gewordene Samaritanismus nicht widerstehen konnte. Was der Makkabäer Juda begonnen hatte, das vollendete der erste selbständige Monarch aus diesem Hause, Johann Hyrcan.

Der samar. Tempel auf der Höhe des Gerisim, dieses beständige Aergerniss der Juden, das auch für Sirach (50, 26) Veranlassung des Hasses und der Verachtung ist gegen das „λαὸς μωρὸς κατοικῶν ἐν Σικίμοις", wurde durch den ersten jüdischen König in der nachbabylonischen Zeit beseitigt. So wurde die Selbständigkeit der Juden und das Anwachsen ihrer Macht der Ruin der Samaritaner, durch das Gewicht des aufstrebenden Jerusalem wurde dessen Rivalin Sichem zurückgedrängt. Joh. Hyrcan, dieser politisch hinausstrebende, religiös nach dem Geiste seiner Zeit unduldsame König, besiegte „das Geschlecht der Kuthäer", nahm ihre Hauptstadt Sichem ein und zerstörte ihr Heiligtum, nach-

---

[1]) Es hat viel für sich, wenn Graetz (Gesch. II b p. 344) v. 41 daselbst δύναμις Σαμαρείας für Συρίας annimmt. Hitzig hingegen (Psalmen p. 195) identificirt diese δ. Συρίας mit אשר in ψ 83, 9.

[2]) 1. Mak. 5, 1, 15; Antt. XII 8, 1; 1. Mak. 5, 66, s. Grimm z. St.

dem dasselbe 300 Jahre bestanden hatte[1]). Ueber den Tag der Zerstörung, der bei den Juden noch mehrere Jahrhunderte als Festtag gefeiert wurde, an dem man nicht fasten und trauern durfte, haben wir zwei von einander abweichende Ueberlieferungen. Nach der Fastenchronik (9, 3) war es der 21. Kislew, nach Joma 69a war es der 25. Teweth, welches letztere Datum aber (vgl. dikduke sofr. z. St.) als falsch anzusehen ist. Demnach fand die Zerstörung des samaritanischen Tempels am 21. Kislew um 120 v. Chr. statt. Doch hört trotzdem mit diesem Zeitpunkt die Stadt Sichem selbst und die samarit. Gemeinde keineswegs zu existiren auf, denn nur das verhasste Heiligtum, aber nicht die Stadt Sichem, war zerstört worden, so dass Josephus von dem gegen den Sohn Hyrcans, gegen Alex. Jannai kämpfenden Demetr. Eucaerus berichten kann: „περὶ Σίκιμα πόλιν ἐστρατοπέδευσεν"[2]). Dagegen wurde Samaria, der zweite Haupt- und Stammsitz der Samaritaner, von den Söhnen Hyrcans, Juda Aristobul und Antigonus, bald darauf nach verschiedenen vorhergegangenen Complicationen bedrängt und nach einjähriger Belagerung dem Erdboden gleich gemacht[3]). Samaria zwar wurde als Sebaste von Herodes, dessen eine Frau Malthake eine Samariterin war, wieder aufgebaut und zu Ehren des Augustus

---

[1]) Joseph., Bell. jud. I 2, 6; Antt. XIII 9, 1. An der letzern Stelle heisst es: Συνέβη δὲ τὸν ναὸν τοῦτον ἔρημον γενέσθαι μετὰ ἔτη διακόσια. Danach richten sich noch Winer (im Reallexicon), wiewohl er die Zuverlässigkeit der chronologischen Angaben bei Jos. bezweifelt, u. Neubauer (la géogr. du Talmud p. 167). Es ist ob. p. 37 ff. nachgewiesen worden, dass Jos. die Erbauung des Tempels ein Jahrhundert zu spät ansetzt.

[2]) Antt. XIII 14, 1; Bell. jud. I 4, 4. Graetz (Gesch. III p. 76; und Cassel (Lehrbuch p. 71) sprechen von der Zerstörung Sichems, während Jos. (Antt. XIII 9, 1 u. Bell. jud. I 2, 6) nur αἱρεῖ κ. τ. λ. sagt. Auf die für Alex. Jannai unglückliche Schlacht bei Sichem bezieht Hitzig den ψ 60 und ψ 108.

[3]) Antt. XIII 10, 2—3; Bellum jud. I 2, 7; Fastenchron. 8, 2.

verschönt durch einen Augustustempel¹), jede politische Bedeutung aber und jede Selbständigkeit hatten die Sam. seit Hyrcan verloren, der Tempel auf Gerisim blieb verödet bis auf den heutigen Tag. Die endgültige Auflösung des Samaritanismus aber wurde durch die Römer herbeigeführt, die natürlich einen grossen Unterschied zwischen den Juden und den ihnen in Beziehung auf Religion ziemlich gleichgesinnten Samaritanern nicht herausfinden konnten. In den Augen der Römer waren die Samaritaner Juden, abergläubische Monotheisten, die allerdings keine entschieden römerfeindliche Stellung einnahmen. So finden wir sie zuweilen heuchelnd auf Seiten der Römer, Roms eiserne Faust lastet auf ihnen nicht so schwer, sie werden sogar wegen ihrer Gefügigkeit gelobt und belohnt²), da sie es — wie sie vorgeben — den Juden am meisten übelnehmen „ὅτι 'Ρωμαίων καταφρονήσειαν" (Antt. XX 6, 2); allein auch ihnen bleibt der Zusammenstoss mit den Römern nicht erspart bei Gelegenheiten, wo Sichem und Gerisim noch immer eine gewisse, eine letzte Rolle spielen.

Als Pontius Pilatus Procurator war — so erzählt Jos. (Antt. XVIII 4, 1) — regte ein lügnerischer und ehrgeiziger Mann die Samaritaner auf und beredete sie, mit ihm den heiligen Berg zu besteigen, woselbst er ihnen den Ort zeigen wollte, an dem Mose die heiligen Geräte verborgen hätte. Die Menge sammelte sich in einem Dorfe Tirathana an, bewaffnete sich und wollte den Berg besteigen. Pilatus aber kam dem aufgeregten Haufen zuvor und verlegte ihm mit seinen Reitern und Fusssoldaten den Weg, wobei es zu einem Zusammenstoss kam, bei dem viele Samaritaner getötet wurden. Der Rat der Samaritaner wendet sich an Vitellius, den Statthalter in Syrien (Tacit.

---

¹) Antt. XV 8, 5; Bell. jud. I 21, 2.
²) Antt. XVII 10, 9; 11, 4; bezeichnend ist auch lib. Jos. c. 47.

Anm. 6, 32), auf dessen Veranlassung Pilatus sich nach Rom begeben muss, um sich vor dem Imperator zu verteidigen.

Abgesehen von dem historischen Grunde dieser Erzählung, erscheint hier eine allgemein bei den Samar. verbreitete Sage. Lib. Jos. c. 42 verbirgt der Priester Usi die heiligen Geräte in einer Höhle des Gerisim, nach Abulfath werden sie bei der „Exulation" der Samarit. am Gerisim vergraben¹). Diese Sage aber ist zu den Samarit. von den Juden eingewandert; denn II. Mak. 2, 5 erzählt in ziemlich ähnlicher Weise, dass Jeremia auf dem Berge Nebo in einer Höhle verborgen hätte Zelt, Lade und Räucheraltar (vgl. auch das. 1, 19), während nach Joma 52b die Lade mit andern Geräten versenkt worden ist. Auf dem Gerisim aber, sagten die Juden, habe Jacob die Götzen seines Hauses vergraben, weshalb die Samaritaner diese Stätte verehrten²). Apologetisch für die Samarit. hinwieder klingt der Zusatz der LXX zu Gen. 35, 4: καὶ ἀπώλεσεν αὐτὰ (sc. τοὺς θεοὺς τοὺς ἀλλοτρίους) ἕως τῆς σήμερον ἡμέρας, so dass der Zusatz vielleicht auf einen alexandrinisch-samaritanischen Ursprung zurückzuführen sein wird.

Solche literarische Fehden mögen nicht selten bei dem niedern Teile der Parteien zu ähnlichen Thätlichkeiten und Ausschreitungen geführt haben, wie sie unter Claudius Caesar (41—54) vorgekommen sind³). Damals nämlich überfielen die Samaritaner galiläische Wallfahrer, die sich zum Feste nach Jerusalem begeben wollten, in dem Grenzdorfe Ginaea und erschlugen einige von ihnen. Da die Juden bei dem von den Samar. bestochenen Landpfleger Cumanus ihr Recht nicht finden konnten, griffen sie zur

---
¹) S. Vilmar, annal. Samar. p. LV.
²) Gen. rab. c. 81; jer. Aboda sara V 4 u. a., die viel citirte Stelle bei Epiphan., contra haer. c. IX; s. oben p. 42.
³) Tacit. (Ann. XII 54): discordes olim et tum contemptu regentium minus coercitis odiis. S. Joseph. (Antt. XX 6; Bell. II 12).

Selbsthilfe unter Anführung des Zeloten (λῃστής) Eleas. b. Dinai und plünderten einige samar. Dörfer. Cumanus eilt den Samaritanern zu Hilfe und schlägt die Juden. Jene beklagen sich überdies bei Umnidius Quadratus, Statthalter in Syrien, bei seiner Anwesenheit in Tyrus, während die Juden die Samaritaner als Urheber des Streites anklagen und sich über Cumanus beschweren. Schliesslich sendet der Statthalter bei einem Gericht, das er in Lydda hält, beide Parteien sowie Cumanus zur Verantwortung nach Rom, wo die Samaritaner und Cumanus von Claudius bestraft werden. — Wir ersehen aus dieser Episode, wie der Samaritanismus damals noch in einer gewissen Machtstellung sich befand, sich Uebergriffe erlauben durfte, und können daraus auch auf die damalige verhältnissmässige Bedeutung des samar. Centralpunktes in Sichem einen Schluss ziehen. Diese zeigt sich aber auch noch in der Folgezeit unter Vespasian, da die Samarit. in Sichem ein letztes kräftiges Lebenszeichen von sich geben.

Unter Vespasian sind die Samaritaner in die Geschicke Judas verflochten, überhaupt als Juden angesehen und behandelt worden. Sie hatten sich, vielleicht zur Organisirung einer Notwehr, auf dem Gerisim versammelt, ihre Menge, ihr Uebermut und Tumult wurden für bedrohlich angesehen, so dass Vespasian, um einer feindlichen Bewegung zuvorzukommen, den Führer der 5. Legion, Cerealis mit 3000 Fusssoldaten und 600 Reitern gegen sie sendet. Diese umzingeln den Gerisim, sehr bald leidet die Menge der Umlagerten durch Wassermangel. Als eine Aufforderung zur Uebergabe zurückgewiesen wurde, gingen die Römer zum Angriff vor, besiegten die Samaritaner und töteten 10,000 von ihnen (Joseph. Bell. jud. III 7, 32). — Und hiermit ist Sichems und der Samaritaner Schicksal für immer entschieden und besiegelt. Sichem fällt unter Flavius Vespasian der Zerstörung anheim und bald erhebt sich und blüht an seiner Stelle eine neue Stadt: Flavia

Neapolis[1]). Mag nun diese neue Stadt auf der Stätte des alten Sichem oder in der Nähe desselben erbaut sein, Sichem verschwindet seit der Zeit Vespasians ganz und gar aus unserem Gesichtskreise[2]).

So hat sich Sichem durch die ganze bisherige Geschichte in seiner wichtigen Stellung behauptet in politischer und religiöser Beziehung. Es hatte seinen Beruf darin gefunden, einen Sammelpunkt für die Gegner der südlichen Nachbarn zu bilden, ein Gegengewicht Jerusalems zu sein. Es hatte in Folge davon auch in Judas Geschicke eingegriffen, dessen politische und religiöse Entwickelung, sogar die Gestaltung seiner Halacha in gewisser Hinsicht, wesentlich beeinflusst. Als aber Jerusalem durch die Hand der Römer gefallen und vernichtet war, da trat auch dessen erbitterte Nebenbuhlerin, die Stadt Sichem, vom Schauplatz der Geschichte ab, nachdem sie die ihr vom Schicksal zugewiesene Rolle ausgespielt hatte.

---

[1]) So wird die Stadt auf den römischen Münzen genannt (vgl. Eckhel: doctrina nummor. III p. 433), bei den Arabern heisst sie نابلس, של כותים ניפולין in Deut. rab. c. 3, jer. Aboda sara V 4.

[2]) Dass Neapolis auf den Ruinen Sichems erbaut wurde, scheint anzunehmen Num. rab. c. 23: ושכם בהר אפרים זהו ניפולין, ebenso Hieron. (ep. 86: Sichem, quae nunc Neap. appellatur). Dagegen Euseb. im Onomast. s. v. Συχεμ: δείκνυται δὲ ὁ τόπος ἐν προαστείοις Νέας πόλεως. Nur der kleine Rest der Samaritaner nennt auch heute noch die Stadt: שכם הקדושה סול הר גריזים בית אל.